U0047176

LOCUS

LOCUS

LOCUS

LOCUS

touch

對於變化，我們需要的不是觀察。而是接觸。

A *touch* book
11F, 25, Sec. 4, Nan-king East Road, Taipei, Taiwan
ISBN 957-0316-08-x Chinese Language Edition

Millenarium

March 2000, First Edition

Printed in Taiwan

無疆界青年問話
作者：李歐納・安東尼(Léonard Anthony)／哈席・聶卡(Rachid Nekkaz)
譯者：戚國仁
責任編輯：陳郁馨　美術編輯：何萍萍
法律顧問：全理法律事務所董安丹律師
出版者：大塊文化出版股份有限公司
台北市105南京東路四段25號11樓　**讀者服務專線：080-006689**
TEL：(02)87123898　FAX：(02)87123897
郵撥帳號：18955675　戶名：大塊文化出版股份有限公司
e-mail: locus@locus.com.tw
行政院新聞局局版北市業字第706號

總經銷：北城圖書有限公司　地址：台北縣三重市大智路139號
TEL：(02)298918089　FAX：(02)29883028　29813049

排版：天翼電腦排版印刷股份有限公司　製版：源耕印刷事業有限公司
初版一刷：2000年3月　定價：新台幣200元

touch

無疆界青年問話

G7領袖的回應與夢想

Millenarium

Quel avenir pour l'humanite

Léonard Anthony & Rachid Nekkaz

目錄

引言

引言

全球意識誕生

狐狸的好奇心加刺蝟的堅持

哲學家以賽亞・柏林曾引述一位希臘詩人的話說，
狐狸追逐很多東西，而刺蝟只有一個目標。
要完成我們這件事，或許需要一些狐狸的好奇心，
但特別需要刺蝟般的堅持和專一。
正是以著堅持與專一，
我們獲得G7國家領袖首肯，
願意親自回答我們的問題。

不管生於富貴之家或長在貧窮門戶，小孩子在嘗到了悲苦和恐懼、戰爭和病痛滋味的那一刻，都會夢想要改變世界。然後，經過多年的求學或為生活奮鬥，有了工作經驗或曾失業，他們放棄了夢想。大部分人發現，日子只要過得去就不錯了；想掌握自己的命運，至此已然是種奢望。世事不就是如此……

我們兩人在十歲、十一歲時，也曾經是那有夢的小孩；現在我們都是大人了，但我們的夢還在。現實的教訓，或者是那些個叫我們「正常一點」的聲音，都沒有讓我們放棄夢想。我們沒有放棄夢想，並不是因為沒有從人生學到教訓。事實上，我們發現，人生不一定會讓一個人把童年的希望和夢想變成隨風而逝的過往，人生也不必然會把雄心消磨殆盡——儘管很多人希望我們這樣以為。事實上，人生的經驗可以引領我們到達那想都想不到的境地。追求生命中的可能性，不會造成悲哀，卻是一次又一次的邀約，要我們超越那些看似障礙的事物。還沒有開始做的事情，看起來總彷彿不可能做到；然而只要去做了，卻又是無比的容易。

因此，這本書的原則，是簡單的。

首先，我們要全世界幾萬名青年朋友對七大工業國①的領袖發問，提出青年人對未來的憂慮和關切。然後我們挑選出箇中最要緊，也最具代表性的問題，邀得這七國的領袖（英國的布萊爾首相、法國的席哈克總統、美國的柯林頓總統、加拿大的柯赫田總理、義大利的達勒瑪總理、日本的小淵惠三首相、德國的施若德總理）對這些問題提出他們的看法。最後，我們與這幾位領袖見面，代表年輕人問他們最後一個問題：您對於新的千禧年有什麼展望？

我們之所以決定進一步發展這個訪問計畫，向大家說明這項計畫的原委和意義，並不是出於愛慕虛榮或想引人注意，也不是爲了吹噓我們的表現多棒或外交手腕多高明，甚或炫耀我們爲達到目的而要的手段。我們不是思想家，更非大師；我們沒有競選公職的野心，也無意汲汲牟利。只是，我們的夢想有一股力量，而這力量在於它的平常：世上千千萬萬個小朋友都有這樣的夢。如果我們有任何值得讚揚的地方，那就是我們還有那麼一點毅力，連續幾個月與年輕人談話，只爲了替他們代言，把他們想說的話轉達給世人知悉。就這樣，一項運動誕生了，傳到了我們這兒；接下來，我們會把它再傳出去。我們很高興它不會被任何一個個人佔爲己有，因爲它屬於每一個人。那麼，它究竟從何而來？事情是怎麼發生的，又會變什麼樣呢？

——歷史早就不在我們掌握之中了。即使我們曉得這段歷史開頭的幾章……

從前從前，有個東西叫網際網路……

這可不是一堂有關多媒體及它會如何改變世界的課！我們要先談自己的經驗——不是什麼太精彩的經歷，不過，由於是親身經驗，所以拿出來講。

我們二十二歲的時候，只有高中畢業的學歷，沒事兒就四處晃。我們這群人裡面，有一個人很迷哲學，其他幾個則對音樂感興趣。有一次，一個記者朋友把我們兜在一起，於是我們成爲了「世界社區」的成員，這個社區就叫電腦網路。那時候（只不過是五、六年前，但可眞像一個世紀以前！），加入網路世界已經不像更早以前那麼難，網路也還沒有變成後來那種全球性的科技、商業和政治工具。我們把全副精神投入網路，在網路上尋奇，透過它交換想法，並且在這個世界裡到處逛。和所有的資訊高速公路旅客一樣，我們玩得非常高興。我們爲之著迷，也對這種新語言感到好奇，實在是深深被這種我們還不了解的新玩具吸引。

對於不想再孤獨下去的人來說，網際網路是一個可以接觸到別人的地方。進入這個地方的我們，立刻像發瘋似的寫啊寫，跟全世界的年輕人交談。我們用法文和英文寫信，我們遇到非洲人、亞洲人、美洲人、歐洲人。大家分享夢想，互相充當心理治療師，聽別人的愛情故事。漸漸我們得知，網路上有各種論壇各種主題，水啊、宗教啊、上帝啊，有的甚至專講魔鬼。我們很中意這種能對所有人說哈囉的新工具——很多人一直很想多多與人結識，卻因爲害怕被拒絕而沒有嘗試。

但我們也不全是爲了認識朋友而來。那時候的我們還不知道，其實自己已經有個目標了。我們上網不是爲了找人告解自己的罪咎，也不是爲了找女朋友。我們是爲了聽取世界各地熱情靈魂的志向、想望與心中騷動。

我們發現，世界眞小。我們這些人的成長環境很相像，住家四鄰都是低矮房子，被高樓擋住了陽光。自小，我們就熟悉了這類的空間形式，自然而然認爲，家就是這樣（不管心中高興或不高興）。就算是那些有幸在年紀很小時就有機會外出旅行的人來說，與自己家相像的東西，始終帶種親切感；而在面對家以外的世界時，多少會生出恐懼。有錢人可能不懂這種感覺，不過，如果你成長於巴黎或洛杉磯的貧民區，或某個非洲的小村落，你會知道，成長環境以外的世界看起來非常遙遠，也非常可怕。然而，在網路上，世界就在我們視線以內，指尖之下，只要在剛開始時做一點投資，接下來，通往這個世界的路可以說都是免費的。於是我們任性遨遊——好吧，我承認，如果雙足踏上紐約和孟買，那會是另外一回事，不過，假如你注意的是那一、兩百萬年前出現在地球上，叫做人類的奇怪生物，這時候，有沒有去過那個地方，並不構成問題。

當然，我們沒那麼天眞。我們知道，網際網路不只是一個讓人暢談世界大事的場所，不涉利害關係，只有善良的版主提出聰明的問題給大家討論。我們知道，網際網路可是與錢、大生意和國際貿易大有關係。我們知道，上網並不代表純潔，網路裡存在著各式各樣的利益，有時甚至是扭曲的利害關係。而且，今日朝著「一對一行銷」發展的商業走向，意味著生產商品的公司對於你的了解勝過你自己——這種前景聽來有點作家歐威爾筆下老大哥的味道，想到就令人害怕。不過，人類其他的種種作爲還不都一樣，總是好壞兼具，利弊互見。網路這項工具，也許會製造出一場夢魘，但網路也因此而可能變成一個圓夢的工具。

因此，我們第一次試著進行一件自己熱情投入的工作，就此展開事業。我們寫下了自己的第一個網頁（這很快變成我們的主要收入來源），我們花很多時間在網上聊天。我們馴服了網路，並且發現可以在網路上撰寫文章或創作小說。我們從網路論壇溜到聊天室，努力避開無用的討論。（網路上多的是這種東西！）網路也成爲若干教派的殿堂：既無法和他們交換意見（你不可能和這種組織交換意見），我們就自行搜羅知識。有時候，我們各自在自家上網，卻發現大家都在線上，於是交談，互訴自己生活，長談至深夜。

我們在不知不覺中轉變，變成收藏家：我們蒐集想法，蒐集問題和陌生人的夢想。

起初，我們不知道自己爲什麼要這樣做，既沒有特定計畫，也沒有清楚的設計。然而，這兒的東西好多好豐富，感情濃烈，有些問題完全出乎意料之外，浪費掉好像有點可惜。

所以有天晚上，我們突發奇想：何不做一個專門用來保存這些東西的網頁？因爲，大家不會停止討論有關二十一世紀和新千禧年的種種。對於評比排名或歡渡節慶，我們不感興趣；排出各式各樣前十大的名單，讓我們感到困擾；我們也不去想該如何渡過一九九九年十二月三十一日的夜晚。我們想做的，是在心中描繪未來：我們的未來，全人類的未來。我們——可不是只有我們編者兩人和我們的家人朋友——這個「我們」，指的是成千上萬個與我們分享過憂慮和希望的人，是所有心中藏著問題，嚴肅的問題，眞正的問題；這些問題沒辦法拿出來問別人，因爲沒有人會關心，也沒有人會聽。就這樣，我們的網站 www.millenarium.org 誕生了，這是第一個專門設計給全球年輕人和他們的問題的地方。

我們馬上用我們的網路知識和有限的人脈，向全世界散播我們的想法。結果，我們收到幾萬封電子郵件。我們在線上做訪問，辦記者會，若干網路雜誌開始提到我們。我們迅速竄紅，紅得讓人嚇一跳，差點承受不住。要求和問題排山倒海而來，甚至幾次碰到有人想操縱我們。不多久，我們就知道自己的直覺沒錯：當我們隨著夢想生出這個主意時，它就不是白日夢，因爲現在它已經是一場運動。

這當然不是傳統概念中的政治運動。這個運動沒有具體的訴求，也沒有領導人，並不由公會、協會、工會、遊說團體所組成，運動成員既非左派也非右派。但這可不是半生不熟的東西：這裡有著共通的想望、挫折和關懷，超越了陸塊自身的問題，不屬於各國家或各領域的特定議題。目睹了全球意識誕生的我們，看得目瞪口呆。

民主怎麼樣了?

會來讀這本書的人，大多數活在自稱爲實行民主制度的國家裡；大家生活在民主之中，但並沒有思考太多有關民主的事情，也不會自問，「民主」一詞到底代表什麼意義。民主是指投票的權利嗎?是指可以無憂無懼買下這本書並且讀它嗎?是的，這些都是民主。民主還給了我們很多東西，但因爲早就被我們視爲天經地義，因此我們忘了這些事在生命中多麼重要。不過我們在網路世界裡發現：對於我們所接觸過的，並發表過意見的年輕人來說，今日的民主是多麼純屬理論，多麼遙遠而抽象。

首先，有些年輕人從來沒有在民主體系裡生活過，對他們來說，第一次擁有言論自由就是在網路上——你知不知道，對於不能針對政治發言，國家裡沒有反對派報紙和集會場所，更沒有管道表達不同意見的年輕人來說，突然找到個地方能讓他們暢所欲言，意義多麼重大？這是個力量非凡的時刻，個人所需要的勇氣絕不只一點點。我們常常會想到一個摩洛哥年輕人，他在網站上向我們提出三個問題，然後發出兩封電子郵件，要求我們務必對他的身份保密。這樣的事可能會讓美國人或德國人覺得好笑，但地球上有四分之三的人，他們所擁有的自我表達的自由，與這個摩洛哥人差不多，而離我們所擁有的程度差得遠。

即使在民主國家，憲法所載明的權利（投票權、表達自由權等）也因國而異，差距非常大，很大一部分民眾所感受到的現實，特別是貧民窟和低收入區小孩的境遇，實在足以讓人在民主這兩字前後加上引號（以示疑惑或諷刺）。加上引號的民主，與眞正的民主有何不同？好比虛擬實境和眞實存在之間的不同。我們的意思不是說民主國家不是眞正的民主，也不是斥責這些國家領導人爲僞君子。邱吉爾曾對民主做出這樣的定義：「其他制度假如都不看，民主是最糟糕的制度。」在我們看來，這話在今日似乎仍能成立。出於一些不必在此提出的原因，領導人和人民之間的距離似乎是眞的愈來愈遠，而在人民（從最貧窮的人開始講）的認知中，他們覺得，自己扭轉自己命運和改變世界的權力也愈來愈渺小。不管這是不是一種集體的認知，不管這認知是用暴烈的方法或較隱忍的形式表達出來，我們都感覺到，各地的人都有一種被孤立的感覺，好像沒有人願意傾聽他們的心聲，甚至沒有人把他們當一回事。

我們豈敢說，按一按滑鼠就能終止這種情況，差得遠呢。講到滑鼠，很多人在我們的網站上嘲弄我們，說我們太過輕信，太天眞。不過，我們自己覺得，持平而論，我們可是第一批在網路上實驗直接立即民主的人呢。

暫時先忘掉這個科技的工具，忘掉網際網路和全球資訊網。只要想想結果：年輕人可以述說自己的經歷，表達自己的想法，可以呼叫別人——超越政治界線、不管腐敗的獨裁者和官僚體系，所以，年輕人不會退縮。就算這麼做不見得能改變他們所處的環境，至少第一步已經踏出，接下來的步伐也蓄勢待發。

此外，隨著問題湧入，全球各地義工協助進行問題分類，收集那些沒有電腦的人所寄來的郵件，擴大了我們的觸角，使我們發現：這個多面的世界，其實就是那麼一個世界。

讓我們進一步闡明這一點。這個世界並非沒有差別，儘管問題各種各樣，提出問題的人在社會背景和地理方面也天差地別。而我們從來不會不注意民族特性所造成的影響。(因此，在談到日本企業征服世界的野心時，日本人常常會表示他們對於失去文化認同的焦慮。而美國人一開口就先問有關身份的問題：你是誰？住哪裡？你賺多少錢？這和印象中的美國人差不多。非洲人似乎擅長在閒暇時磨練思考。諸如此類。)

不過，讓我們印象深刻的不是這些差異，卻是人類共有的關注——套用現在流行的語彙來說，人類具有全球共通性。什麼形式的政府對人類最有好處？科學上的進步會如何改變我們的生活和我們對事物的看法？所有人都能人盡其才嗎？我們有空的時候要做什麼事？金融市場高度發展，會不會毀掉我們父母輩用一生所建立起來的東西？我們在各地的人身上看到了同樣的主題，同樣的憂慮，甚至常常是同樣的字眼。

全球年輕人所具有的共通性，不只是麥當勞和可口可樂、新力和豐田而已。午夜，我們在電腦螢幕上看到了同樣的恐懼和類似的夢想。當然並非人人都是蘇格拉底；這是說，問問題是好的，但要是問太多了，累積起來的問號會傷你的眼。有了問題，你會想要找到答案。

就在那時候，我們有了第二個主意：從虛擬實境回到現實。

G7究竟是什麼？

看到這個問題後露出微笑的人，可以跳讀下一節。可是，當我們在網站上宣佈要選出一些問題來直接詢問G7，也就是地球上七大工業國的領袖時，可不是每個人都微笑。因此我們做了一點宣導工作，說明G7的歷史及其組成，解釋G7的宗旨，以及爲何我們要請G7領袖來回答問題。

爲什麼要找他們？因爲G7會員國是好人，而其他人（俄羅斯、中國、印度、巴西……）都是壞人嗎？不是不是，先把所有錯誤的理由都排開。

首先，我們選擇G7是因爲這幾個國家擁有民主文化，也就是說，他們習慣有人問問題，有時候甚至是用強硬的態度提問（去問這幾國的政治人物，記者是如何逼問他們的）。民主也意味著不能敷衍，隨便給個不像樣的答案。

其次，因爲這幾個國家都很富裕。這不是一項價值判斷，而是承認這幾個國家因爲富裕，所以背負更大的責任。G7國家在很多方面都是居於全球領先地位的：最民主、最富裕、污染問題最嚴重、最大的生產者兼最大消費者。他們是遊戲中的常勝軍。

最後，一個特別重要的原因是：年輕人最常提問的對象，就是G7領袖。G7還只是一個非正式的團體，但仍屬國際組織；G7名氣比不上聯合國，卻同等重要。

這些年輕人並沒有搞錯。匈牙利、捷克和羅馬尼亞的人，求助於歐洲的富有國家，也就是英國、法國、德國。越南和緬甸人則向日本人尋求答案。當然，全世界的人都認爲，美國總統對他們造成的影響超過他們自己的領導人——在某些方面這話是眞的，但在其他方面則稍嫌誇張。期望世界強國負擔起地球的所有問題，諸如農業問題、環境問題、非洲的基礎建設問題，或是亞洲的人口問題，這樣到底公不公平，不在我們的討論範圍。不過事實擺在眼前，別人總是會找上西方國家，特別是美國，有時爲了控訴，有時爲了求助，有時候有怨恨，但也常常懷抱希望和尊敬。

我們雖然是有夢的人，但還是保留若干現實主義的色彩，我們不想浪費時間思考自己該如何把這些問題轉給G7領袖。我們就是放手去做。一九九八年，我一個網友兼多媒體朋友給了我們一份邀請函，請我們在法國總統席哈克的官式訪問印度期間也去印度一趟。

法國總統方面和我們維持聯繫，讓我們覺得，這個人的回應挺善意的，似乎願意聽我們說話。法國總理辦公室一位年輕的顧問覺得我們的構想蠻有意思，就發了封電子郵件給白宮的一位顧問。結果白宮來了回音：何樂而不爲？因此我們打電話到華盛頓，三星期後，白宮安排了一項會議。我們出發前往美國的幾分鐘，收到法國總統府的消息，說法國同意接受我們訪問。事情就如此這般發展下去……

我們不打算說服心存懷疑的人，說這件事多麼多麼容易。它也的確不是那麼容易做到。你得辛辛苦苦做很多事，花很多力氣，也需要很多毅力和一些運氣，才能把事情做完。但即使如此，事情還算是單純的。哲學家以賽亞・柏林（Isaiah Berlin）曾引述一位希臘詩人的話說，狐狸追逐很多東西，而刺蝟只有一個目標。要完成我們這件事，或許需要一點狐狸的好奇心，但特別需要刺蝟般的堅持和專一。

正是以著堅持與專一，我們獲得G7國家領袖首肯，願意親自回答我們的問題。我們是法國人，這身分沒有造成問題；我們不屬於任何大牌組織、黨派和國際組織，這也不是什麼難處。在所有地方，超越一切文化差異，我們發現，我們講話的對象有在聽，而且出乎我們意料之外的是，他們認真在聽。

這大概有幾個原因。就像先前提到的，我們確實把出自懷疑論調的質疑當一回事。沒錯，網際網路是一種流行，因此談論網路聽起來好像挺酷的——不過你必須承認，如此浩大的工程，光靠「有點酷」是不足以完成的。

第二，本書所具備的國際性特色也很有幫助。本書超越國界、語言，甚至文化。這是一樁世界性的工程，跨越國家界限。本書呼籲全世界一同思考整個世界的未來。就是因爲這一點，使得G7領袖對這項計畫感興趣。他們會感興趣是好事，這表示，儘管人民質疑他們的國家領袖、政府領導人及其幕僚遠離民意，但實際上，他們還挺接近人民的。傳統媒介，如報紙、廣播和電視，仍然扮演一定的角色——這固然是好事，不過大家也覺得需要用別的形式來表達意見，而這又是網際網路在未來幾年裡值得期待的發展方向。不過，無所謂：重要的是我們現在手邊就有可用的工具，而且是可以預示未來的東西。

對我們來說，第二項理由有力得多。的確，光是在世界領袖的電子大門上敲門，他們不見得願意爲你開門。如果說我們找到了入門的途徑，原因不在於我們是誰，而在於我們所代表的東西：數以萬計的年輕人和他們的諸多問題，以及一種全球共通的期望。在幾年前，我們所背負的這些東西，意味著龐大的郵包，還要解決整理分類的問題。沒錯，我們是花了很多力氣來挑出最能代表年輕人疑問的問題，把問題分成七大主題：和平、環境、民主、心靈、社會、科學、經濟；我們邀每個國家領袖都回答七個題目。我們有幸在一九九九年六月二十日的科隆高峰會上，把這七七四十九個問題面呈七國領袖。而他們的答案，就在這本書裡。我們向大家保證，他們很認眞回答問題，對每個主題做了思考，然後謹愼寫出答案。我們不打算評論這些答案。不過，由於從某個角度來講，這些也都是大家的問題，因此應該由讀者你從他們的答案中尋找訊息、靈感，以及反叛的理由。這樣，才能持續對話……

持續對話

因爲——這是我們想說的最後一點——意見交流並未結束。我們甚至要說，才剛剛開始。

就是在這種精神之下，我們希望能夠在原先提出的問題之外，還能問一個簡單但棘手的問題，一個我們一直在問自己的問題：你怎麼看這個新千禧年？由於他們恆常有政務纏身，因此並不是所有領袖都有空回應這項要求；幾位領袖特地挪出時間來回答最後這項不簡單的要求，我們至表感謝。說這問題不簡單，因爲，你說「看」這個字要怎樣定義？這聽來像是哲學家或靈媒才能回答的東西。然而，揣想這些政府領導人在繁忙公務之餘如何預想未來，何等有趣！同時，儘管新千禧年不容易面對，但它已經到來，就在這裡，不再是科幻小說的題材。況且，在全世界的大小都市和鄉村裡，「明天」也是政治場域中的一環。

爲了繼續玩這場遊戲，我們要這幾個國家領袖提出自己心目中最重要的問題，換年輕人從二〇〇〇年三月開始，直接在網路上回答。因此，我們的故事不會隨著這本書的出版而結束。針對生動的主題所提出的問題，需要獲得回應，而這些答案又會引來更多的問題。這項新的對話會從網際網路開始，用寫的方式進行，再次回到網路上，可能會成就另一本書。這是互動計畫的一面，坦白說，對我們來講，這可比新的電視遊戲軟體還有趣。我們經常聽人說，網路是專制和壓迫者的新工具，也有人說，網路多麼多麼危險——沒有人說網路上不存在這種危險，不過我們相信，科技和科學一樣，本質上並無善惡。我們所取得的這種新自由應該如何運用，全看我們這些運用科技的人。如果我們只是像消費者一樣使用，我們就會得到消費者的待遇。如果我們要像公民一般運用，我們就會取得新的權利。科技可以爲民主服務，又或許科技又是一樣新奇的玩意兒，然而，那有什麼不對？

爲什麼談話只能是單向溝通？爲什麼我們不再夢想？爲什麼不把這項遊戲當成現代民主運作過程當中應有的一個環節？爲什麼不用一點想像力，用網路把國界變得模糊一些，想像政權正在變化，想像各地的民衆和他們的領袖都逐漸習慣這場遊戲，在可愛的地球中共享相同的生活。

不過，這樣一來，我們又發現一些（現在）沒有答案的問題。
一切都是從幾個問題開始的。眞的。
那麼，爲什麼不繼續發問？

李歐納・安東尼（Léonard Anthony）
哈席・聶卡（Rachid Nekkaz）

注釋：

①七大工業國一般指的是參與了「經濟高峰會」(Economic Summit)的七個國家，簡稱G7，包括美國、德國、加拿大、日本、義大利、英國、法國。一九七五年十一月十五日，這七國的領袖聚集於巴黎近郊一處別墅，召開一次經濟會議，討論如何因應石油危機所造成的不景氣。此後，每年舉行一次，均以世界重大經濟問題爲討論重點，開會地點不一。

問話 1

國家主權與國際干預的矛盾

究竟在什麼情況下，
才可介入他國的內部衝突？

答話人

英國首相 **布萊爾**

1953年5月6日生於蘇格蘭的愛丁堡。

曾在一所菁英學校就讀，

後在牛津大學法律系畢業。

大學時組了一個搖滾樂團，擔任主唱兼貝司手。

當過執業律師。1983年踏入政壇。

43歲這年，以七成二的得票率當選為英國首相，

這是英國自從二次世界大戰以來，支持率最高的首相。

不僅國人支持，連鄰國也表示對他的好感。

法國國會議長曾在接受記者訪問時說：

「親愛的布萊爾先生，我們對你十分好奇。

你的個性與作風，襯托出我們的過時。」

在「聯合國憲章」中，國家主權是凌駕一切之上的，但這似乎與國際干預政策互相衝突；然而，「世界人權宣言」似乎視干預爲必要手段。您認爲，該如何解決這兩者間的矛盾？

這個問題，直指一個當前外交政策上極爲棘手的難題：究竟在什麼情況下，才可介入他國的內部衝突。最近的科索沃衝突①和東帝汶危機②，使得你所提出的這個問題備受關切。

北約組織出兵科索沃，目的並非覬覦其領土，而是出於人道關懷。發生在科索沃的種族肅清、集體強暴及計劃性的大屠殺，是我們在歐洲絕對不想再看到的惡行。所以我相信，除了採取軍事行動介入之外，別無他法。對於種族肅清這種惡行，我們絕不能袖手旁觀。

若是在二十年前，我們會坐視這些惡事橫行，不會出兵科索沃，也不會派遣多國部隊至東帝汶。但冷戰結束、科技日新月異、民主制度盛行等等變化，讓我們採取了行動。更重要的原因是，整個世界在根本上起了轉變。由於全球化的緣故，經濟形態及國家角色都有重大的改變。

進入新千禧年，整個世界呈現一個全新的局面——國與國之間的關係更形密切，孤立主義成爲歷史名詞，國家主權的觀念無法再成爲踐踏人權的藉口。如果我們想向世人證明，我們所維護的價値觀是放諸四海皆準的，那麼，對於他國蔑視人權的惡行及境內發生的衝突，就絕不能袖手旁觀。

但我們如何判斷，何時可以介入，又該不該介入呢？

不干涉他國內政，素來被視爲維持國際秩序的重要準則，我們也絕不會拋棄此原則。任何一個國家都不可以認爲自己有權改變他國的政治體系或煽動叛亂，也不能片面認定對他國領土擁有所有權而強行佔領。然而，一旦事關大局，此一「不干涉原則」就必須審愼界定。種族屠殺絕不僅僅是一國內政。

聯合國秘書長安南，在「海牙國際和平會議」一百週年紀念會上致詞時說：「假如聯合國安理會不能團結起來，合力對抗像發生在科索沃境內那樣大規模的蔑視人權、泯滅人性的罪行，就違背了當初推動聯合國創立的理想。因此，對於大規模、有計劃的種族屠殺，我們絕不姑息——這是安理會及聯合國在二十一世紀的最大挑戰。」

而英國一定會盡力促成這種團結。

今天，在自然歷史博物館裡可看到許多生物絕種的實例。若我們繼續以這樣的速度破壞環境，您覺得，是不是有一天，現今世上存活著的大多數生物也都會面臨絕種的命運？

地球上有各式各樣的生物，這對人類全體來說，關係重大。對於上一代留下來的各種生物，我們應克盡保護之責，以傳給下一代；然而，我們卻反而任其滅絕，這實在是大錯特錯。地球上的動植物需要我們的保護，而非破壞。

根據化石紀錄，以前平均每一百年只有一種鳥類會絕種。但自十九世紀初以來，已有將近八十種的鳥類絕種；在未來的一百年內，還會有一千兩百種鳥類有滅絕之虞，所以，今日生物的滅絕速度是過去平均值的四十倍。就我們所知，過去四百年來，已有六百五十四種植物及五百三十五種動物絕種。但許多科學家指出，這只是問題的表面；預測在一九八〇至二〇三〇年之間，每十年，就會有百分之二到三的物種可能會滅絕。

我們必須弄清楚，我們怎麼會使得物種滅絕的速度竟愈來愈快，而又爲什麼要造成這種後果。

人類在地球上的歷史不過五萬年。但在這五萬年裡，由於人口不斷成長，對於食物及其他產品的需求也就持續增加，慢慢的，我們幾乎支配了所有生物，徹底改變了所有動植物及整個生態系的分布情況。由於缺乏永續發展的觀念，我們對生態系造成了毀滅性的影響。所以，當前影響生物多樣性的最主要因素，就是我們人類。

我們是如何處理這個問題的呢？

一九九二年，英國和其他一百五十多國，在召開於巴西里約的「全球環境高峰會議」上，共同簽署了「生物多樣性公約」，這是有史以來第一次，有這麼多國家齊聚一堂，誓言保護地球環境。簽署這份公約的目的，在於維護生物的多樣，加強永續發展的觀念，以及確保天然資源的公平共享。英國和其他簽約國都認同：保存生物多樣性是當前人類的共同課題。

英國爲了實現在這份公約裡所作的承諾，擬定了「生物多樣性行動計畫」。我們正在彙編防止生物滅絕的保護策略，到一九九九年春季爲止，我們完成了針對三百五十個優先保育物種的行動計劃，其中包括像「黑星琉璃小灰蝶」③這種生物。到公元兩千年，我們還會針對其他四十一個優先保育物種提出行動計劃。

人類福祉與自然環境息息相關，對此我們已有深刻體認。我們爲永續發展提出了新策略「提昇生活品質」，致力於政策整合，力求兼顧環境、經濟與社會等方面的發展，追求整體利益。爲了評估自己的表現，我們不但使用傳統的指標，如國內生產總額（GDP）及就業率，我們還使用創新的衡量方法，例如計算鳥類的數目。維持英國境內生物的多樣性，是我們的主旨，而「一隻都不少」是我們的目標。

我們也協助開發中國家進行保育工作。在若干世上物種最豐富的地區，居住著最貧困的人群，而多樣的物種造福了這些窮人；因此，萬一多樣性不再，窮人的生活會大受影響。然而，貧困又會驅使窮人耗盡他們自己賴以維生的資源——爲什麼說貧困和生物保育這兩個議題要一併處理，就是出於這個原因。

英國的「政府國際發展部」，主旨放在貧民教育，自一九九二年開始，在四十個國家一百五十項生物保育計劃中，總共投下一億七千萬英鎊的經費。迄今，我們提撥了兩億兩千五百萬英磅，支援「全球環境協會」支持保護全球環境的協定，「生物多樣性公約」正是其中之一。

沒有人希望見到任何一種生物滅絕。因此我們必須了解自己身爲人類在自然環境中所扮演的角色，並善盡職責，這是每一個人的責任。這件事如果沒做好，我們會對不起後代子孫。

您認爲，我們如何運用網際網路來推動「人人皆世界公民」的認知？

現在，家裡有電腦的英國民衆達二分之一，經常使用網際網路的十七歲以下青少年超過三百萬人，這是相當高的比例。而在一九九九年下半年裡，使用網路的青少年人數增加了百分之十二，達到了百分之四十三。

不管有沒有我們大人的協助，青少年都在參與美麗新世界的各項事務。青少年透過網際網路與我們的歐洲近鄰聯繫，也與距離遙遠的國家聯絡；透過電子郵件、電子佈告欄、網站及視訊會議，他們很快就認識到其他地區人民的想法及做法，甚至能面對面溝通；對於衝突及合作，他們頗有見地。他們發問，他們表達意見，做出結論；他們認識各年齡層的朋友，傳送及接收各種音樂、藝術及文學。他們觀察、參與、發表、評論、學習，甚至互相充當彼此的老師。

我認爲，政府有責任確保網際網路發揮了最大功能。爲了讓網路充分發揮功用，並且讓每個人都能蒙受其利，整個社會都必須投資。

我們必須確保所有人都能使用網路；各級學校、大專院校、社區甚至家裡，都要能夠上網。英國在這方面的目標，是要讓所有學校及公立機構到了二〇〇二年時都能上網。

現在已有超過一半的中小學及專科學校可以上網，此外，我們在網上設立了給教師及學生的專屬網站：「國家學習座標」(National Grid for Learning)，透過這個網站，可以立即連結到其他重要的教育及訓練網站。

政府也必須意識到自己在教育上扮演的角色。在英國，五到十六歲的學生都必須學習資訊及科技的課程，學習各種運用電腦的方法，包括網路的使用。青少年必須學會找資料、組織資料、處理不需要的資訊；還要學習在這樣一個資訊豐富的環境當中，展現負責的態度。

政府也必須協助拓展網路的用途。現今教育進入了數位時代，網路也有了廣播的功能，因此政府和業界必須合作，在影像與聲音之間做更好的結合，在軟體和網站之間有更好的互動。這些都需要政府和民間共同努力。

在培養孩子身為公民的權利與義務觀念上，我們給學校相當大的空間。健全的公民精神寓於健全的社會，所有公民共同關心國家前途，熱心參與公共事務，促進社會發展，爲國家整體福利而努力，而非袖手旁觀或只計較個人利益。青少年必須知道自己的行爲對於別人會造成什麼影響，必須體認到自己除了享有權利，也要負起責任和義務。

我們可以藉由網路培養公民精神，其中最重要的是鼓勵青少年培養主動及負責的態度。我們現在的社會存在著太多的冷嘲熱諷、懷疑和冷漠，所以我們更不能讓網路鼓吹被動的態度，而要用網路來推動志願的、親身的參與。我們必須要善用網路，以網路來培養新一代的積極又負責的公民。

您覺得，精神層面的事物會影響到國家的治理嗎？

政府必須要管理國家的人力資產，亦即國民的技能及努力，也要管理國家的財政資源和自然資源，以創造一個繁榮且開放的社會。

政府所做的決策，泰半事關物質方面，例如制定稅率、擬定政府支出、決定施政優先順序。但政治人物心中要有一套基本的價值觀和信念，以此爲行事的準則；而他們的作爲又需要從這些信念當中獲得激勵和動力。因此，宗教信仰或其他精神信條對此大有作用。

現今政治所面對的一大問題，就是人民對於政治的理想幻滅。許多人，特別是年輕人，覺得政治人物與人民的距離實在太遠，覺得他們不了解也不重視人民的想法和需要。造成這狀況的原因，一部分是因爲過去政治人物不守承諾，行爲不檢。政治人物必須面對此一事實，改正行爲，誠實對待人民；他們必須對自己誠實，信守自己的主張，並讓人民看到自己忠於自己的主張。所以，政治人物要更透明、更開放、更公正；政治人物要言行一致，在道德觀、價值觀、信仰與實際行爲之間更要表裡如一。總之，「正直廉潔」是施政進步的關鍵。

邁入了新千禧年，我相信民衆一定更熱切希望能把世界治理得比以前好，期待政治人物對國家有更多貢獻，讓人民恢復信心，願意重拾對他們的信任。爲了實現此願望，我們一定要明白，精神層面和物質層面並不是毫不相干的，而是兩者都對政府行事關係重大。

現在有很多人服用非成癮性的藥物，您認爲這些藥物該不該合法？若能合法，又應該受到什麼條件限制呢？

的確，在許多國家，各種藥物忽然間變得很容易取得，服用藥物的人也愈來愈多。調查指出，英國有一半的青少年曾嘗試過非法藥物。對多數青少年來說，這只是過渡階段；但也的確有許多人因此養成習慣；更不幸的是，還有人嚴重上癮。雖然上癮人數所佔比例不算太高，但數目實在驚人。

要求藥物開放的人士，可分成兩派。有一派以美國在禁酒時期把酒類列入非法爲例，以此說明，若全面根除藥物買賣，將會造成與美國同樣的反效果；這一派人士的想法激進，主張所有藥物都應合法化，而不應以證照制度控制藥物的流通。另一派則認爲，最易成癮的藥物不該合法，例如海洛因及古柯鹼，應維持現有管理；但有些所謂的「非成癮性藥物」對人體傷害較小，所以應該合法，這類藥物以大麻最出名。這一派主張並指出，根據一些專家的說法，菸酒對人體的傷害程度至少和大麻一樣，而菸酒可自由買賣，大麻卻不行，立場實在十分矛盾。

這兩種主張藥物開放的論點我都不同意。藥物開放不僅在理論上站不住脚，在實行上也困難重重。若讓所有藥物都合法，是很冒險的舉動。有那麼多人因爲藥物上癮而墮入慘境、行事猥瑣，白白浪費人生。我認爲，政府若立法讓成癮性藥物變得更易取得，是相當不負責任的做法。有人說實施證照制度就可以防堵問題，但就我看來，這根本是不切實際的想法。

那些主張放寬藥物禁令的人似乎不願承認一件事：所有非法藥物都是有害的，包括所謂的「非成癮性藥物」在內。

您認爲，未來我們可不可能有機會選擇到底是要活在實體世界或活在虛擬世界？有了這麼一個虛擬世界，會不會使得一部分的實體世界爲了達到物質、族群或經濟等方面的目標，而有被破壞之虞呢？

我不認爲將來會出現這種機會。雖然說，許多人可以從科學探索、文學創作等心智活動中得到莫大的快樂，然而人類終究是有血有肉之軀。我們需要進食，需要適量的運動，才能保持健康；而也許最重要的是，我們需要和別人來往走動，才不會變得封閉而古怪。

網路能促成全球單一貨幣的實施嗎？這對全球經濟有何影響？

自一九八〇年代起，個人電腦逐漸普及；九〇年代網際網路興起，於是人類在工作、學習及娛樂方面都出現革命性的轉變。其中以網路所帶來的效率及影響最爲驚人。網路使用者在短短四年內就達到五千萬人；而電視要十三年的時間才累積到這個數目。

網路用戶的成長，對於生活的許多層面都產生深遠的影響；例如在許多國家裡，日益普遍的網上交易（「電子商務」）就影響了經濟運作的模式。現在，正在規劃如何用更有效率又更安全的方式在網路上進行金錢往來（即「電子貨幣」）。這些發展必定會促成一個更統一的全球市場，但這並不意味著全球單一貨幣就此形成；在可預見的未來裡，我不認爲全球單一貨幣是可行的，也不認爲這類的倡議會受到歡迎。

在新千禧年裡，您對世界有何展望？

我們這個世界在過去的一千年裡經歷了何等的改變——想到這個你就會覺得，你不可能預知人類千年之後的生活，以及可能面臨的挑戰。但在二十一世紀裡，我們一定要比現在更注意環境保護的課題。我也希望，不論是個人或國家都能互相合作，爲所有青少年創造一個和平、安全的社會，重視他們的需要，讓他們有機會發揮潛能；這是包括我這個爸爸在內的全天下父母希望爲下一代做的事。倘若我們可以爲下一代的青少年做到這些，這世界會變得更好。然而，我們更不能忘記眼前的挑戰——世上還有許多兒童活在恐懼和飢餓當中，連最基本的醫療保健或教育機會都沒有；他們需要我們伸出援手！

注釋：

①科索沃（Kosovo）是今日南斯拉夫聯邦之塞爾維亞共和國的一省，人口兩百萬，其中百分之九十爲阿爾巴尼亞裔，另外百分之十爲塞爾維亞族。一九八九年，塞爾維亞當局取消科索沃自治省的地位，並鼓勵塞爾維亞人遷回科索沃。一九九七年開始，阿爾巴尼亞人尋求脫離塞爾維亞而獨立，該地的民兵組織KLA展開反抗行動，於是南斯拉夫總統米洛塞維奇派遣軍隊出兵鎮壓。一九九八年二月，雙方爆發激烈衝突，戰爭愈演愈烈，造成百姓流離失所，二十五萬阿爾巴尼亞人逃往鄰近的國家阿爾巴尼亞。不多久，聯合國決定干預此事。北約組織並於一九九九年三月起，對南斯拉夫進行了七十八天的制裁性的空襲。一九九九年五月，聯合國國際刑事法庭以謀殺等罪名起訴了南斯拉夫總統米洛塞維奇；六月十一日，安理會通過化解科索沃危機的提議案，重點包括要求塞爾維亞軍警撤出科索沃、要求阿爾巴尼亞解放軍停火、北約維和部隊進駐科索沃、推動讓科索沃在南斯拉夫轄下成立自治政府等等。隨後，南斯拉夫國會召開緊急會議，決定自六月二十六日起停戰。

②東帝汶（East Timor）位於隸屬印尼群島之帝汶島的東邊，面積約一萬五千平方公里，於一九七五年脫離葡萄牙殖民統治，成立「東帝汶共和國」。獨立隔年，印尼政府強行

入侵，建立行省，採取高壓統治。

東帝汶人民不斷反抗印尼政府的統治，而聯合國與世界各大主權國亦不承認印尼在東帝汶的主權。東帝汶的貝洛主教與大力尋求獨立的霍塔兩人，多方奔走，終於促成聯合國通過決議，讓東帝汶人民用公民投票的方式決定國家前途。

一九九九年八月三十日，東帝汶將近四十五萬的人民參與投票，決定是要在印尼政府治下成爲自治區，或者是要獨立。投票率高達百分之九十八。其中，百分之八十的投票人支持獨立。

投票結果公布後，發生嚴重衝突。九月十五日，聯合國決議派遣維和部隊進入東帝汶；二十七日，印尼軍方把東帝汶的軍事責任交給聯合國部隊。十月二十日，印尼人民協商大會批准承認東帝汶獨立公投的結果。

③「黑星琉璃小灰蝶」的分布區域由歐洲至西伯利亞和中國，但在不列顛群島已滅絕。

問話2

面對恐怖主義

假如我們能做到不向恐怖份子妥協，卻又為何願意與某些違反人權精神的國家協商？

答話人

法國總統 **席哈克**

1932年11月29日生於巴黎。
哈佛大學行政學院與政治研究院畢業。
當過騎兵隊小隊長，也曾在貨輪上當過水手。
進入內閣任職，以其行事風格博得「推土機」的外號。
在1968年的法國學生與工人運動中，擔任重要的斡旋角色。
1974年擔任法國總理，不久即在政爭中失利下台。
其後東山再起。1995年贏得總統大選。
法國人認為他保守，但國際間驚訝於他的特立獨行，
例如95年時，他不肯停止法國在南太平洋上進行的核子試爆。
因此有位英國外交官說：
「與席哈克合作時，請繫好安全帶。」

某些國家的領導者，像是恐怖份子似的，把百姓當人質。假如說我們都拒絕向恐怖分子妥協了，卻又爲何願意與這些國家領導人協商呢？

我們不接受恐怖主義。任何形式的恐怖主義都不接受。對恐怖主義妥協，無異於舉手投降，死路一條。面對恐怖主義，國家必須依法行事，一切都要合法。這個原則在國內、國外都適用；這也就是爲什麼我們建構了一個全球體系來防範恐怖主義的荼毒。這個防範體系，試圖界定各國在打擊恐怖份子及其資助人和保護者時所應承擔的共同義務與權利。我們絕不許恐怖份子逍遙法外。

在過去的幾樁例子裡，我們訴諸特別的行動，來彌補法律機制的不足。例如自從一九八八年的汎美航空爆炸事件及一九八九年的UTA航空爆炸事件發生後，聯合國安理會對利比亞採取了禁運措施。利比亞當局最後終於同意讓嫌犯接受法律程序的審判。這證明了法律行動比妥協或單方面訴諸武力更爲可行。

你所提的這個問題還涉及另一個層面：我們如何對待大規模違反人道法律和人權的國家？一九九八年七月，這議題在羅馬有了重大進展，「國際刑事法庭章程」終於議定。不久，這個國際刑事法庭就要開始運作，一旦正式運作之後，任何國家或政府領袖、軍事首腦，只要犯下任何這類使人驚駭的罪行，必受法律審判。

至於我，我要很堅定地說：在歐洲這裡，誰都不能再「以百姓爲人質」。你只要看看法國如何阻止米洛塞維奇在科索沃的卑鄙種族屠殺，又如何使巴爾幹半島走上長久和平之路，就應該知道我的決心。

我相信，國家還能打著主權的口號卻爲所欲爲的日子，剩沒幾天了。我們看到整個世界正在形成一種共通的良知，看到國際社會刻正重新界定國家的權利與義務。這個過程漫長而複雜，但它是促進世界的和平與民主的一大步。

我們需不需要一個全球性的生態秩序，以造林爲首要任務？您如果認爲需要，可不可以爲我們具體說明，應該優先做哪些事？

工業時代留下的一大結果，就是人類已能改變全球的生態環境。過去，人類的活動對環境的影響相當有限，而今天人類的足跡遍布地表，造成了全球性的危害。

要談論哪些事情應該優先處理，其實挺棘手的，因爲任何對於環境的破壞都是大事。但我會把氣候變化放在第一位，因爲氣候的變化直接影響我們中程的生活環境。同時，水資源的問題也應該獲得更多重視。全世界仍苦於水資源短缺，而每年仍有數百萬人死於與水相關的疾病——這實在讓人無法接受，而想到我們其實有辦法解決這問題，就更讓人生氣。而對於森林砍伐、地力衰竭及土壤沙漠化等問題，我們也不能無動於衷。

其他對於環境的破壞——在此我特別想到生物多樣性所面臨的威脅，許多動物和植物的消失——屬於必須長期對抗的問題，也該及早面對，但不至於那麼急迫。

我認爲，若想爲後代子孫保留地球淨土，需要在四個軸線上採取果敢的行動。先是每一個區域個別行動；然後國家必須研擬出環境保護政策，歐盟在這方面已經有所努力了；現在，該是成立一個全球性環境保護組織的時候了，由這個組織負起相關的規範之責，並且要確保這個組織受到國際尊重。

此外，我們必須致力於改變我們的生產和消費模式，不要再胡亂濫用自然資源。這會是一場新的革命，追求的是永續發展，讓工業體系徹底轉型。這是二十一世紀的首要任務。

爲了走向這樣一個世界，我們必須接受環境教育。以前我們學著當個社會公民，現在，則是我們學習成爲地球公民的時候了。爲了形成並傳遞這個新的文化，民間團體必須與各國政府通力合作——這可是新世代的光榮使命！

假如國際社會給您二十四小時的時間自由行動，您會做什麼？

我是以民主方式選出來的總統。我的國家教導我們，權力必須有所制衡。所以我不相信有誰能完全自由行動，即使只有二十四小時也不可能。

另外還有一個理由使我對你的問題存疑。在你的問題之中，假設了有一種理想的、絕對的解決方案存在，認爲只要有恰當的計劃、利用了適合的工具，就能把方案付諸實現。

即使我有前述疑問，但如果國際社會眞的給了我二十四小時自由行動的時間，我想我會做出五個能造成立即效果的決策。

一、把所有犯下種族屠殺和違反人道的罪行，但利用了現行國際法的漏洞得以逍遙法外的犯罪者全部逮捕。這可以昭告世人：違反人道的罪行再也逃不過法律的制裁。

二、派遣國際維和部隊進駐戰亂國家，止息該國戰爭，並展開重建工作。

三、取消貧窮國家的外債，讓他們走向發展的道路，這樣才能使他們的人民得以免於匱乏。

四、設法使第三世界的人民獲得適當的醫療照顧，以對抗愛滋病、瘧疾和肺結核的肆虐。

最後，實行一套讓所有人都有機會受教育的計劃。

一定要把宗教與政治截然二分嗎？如果不必，那麼政治如何與宗教並存？

這是一個微妙又深植於法國文化裡的課題，如果想訂出普遍性的指導原則，眞是麻煩透頂的事。在法國，國家和教會於一九〇五年分離，變成一個世俗的共和政體。這個轉型過程並不是不費吹灰之力的：在開頭幾十年，主政者這方面抱持一種充滿敵意的反教會統治立場，這想來是由於過去王權和教會之間素來密不可分。今天，法國的國家和教會各有各有的自由，互相尊重。這種世俗的政體，是我們共和體制的一大支柱，而我們之所以不放棄，並不意味著我們排斥宗教，而是彰顯了我們要落實與尊重若干原則的決心，例如機會均等和兩性平權。舉例而言，回教徒不能在法國中小學裡披戴頭巾，並不是因爲戴頭巾是明顯的信仰象徵，而是因爲它違反了平等原則，對某些社會階層而言特別不公平。

事實上，每個國家都有它面對和處理這類問題的辦法。我們的世俗共和政體不同於大英王國，在英國，女王身兼英國國教的領袖。而英國又不同於美國：美國所有國家級的慶典儀式中必有宗教，例如在總統就職典禮上，新任總統一定要手按聖經宣誓。當然回教政體更不同了，它是十足的神權統治，宗教和國家密不可分，宗教規範就是國家法律。

再說，在道德上和政治上，我們沒辦法強行制定普遍適用的法則。你所能做的，只是捍衛所有男人女人大人小孩的人權，確保人類尊嚴和自由在任何時候任何環境之下都不受侵害。所以，我的答案是這樣的：每一個國家，都必須在政治權力和宗教權力之間確立一套關係，不管那是什麼樣的關係，但它足以彰顯這個國家的特性與人民的認同——當然，我們假設，基本的人權在此都能得到尊重（雖然說有時很不幸，情況並非如此）。

愈來愈多民衆覺得，他們國家的領袖不食人間煙火。您贊不贊成，國家元首每年花一星期的時間深入工廠、學校、社區鄰里或一般家庭？

民衆的確逐漸如此認爲。我們身爲元首的人，當然要認眞檢討這樣的批評，並且盡己所能，把導致民衆這樣想的原因給消除掉。不過我必須附加但書。首先，國家元首也是凡夫俗子，在私人層面和家庭生活中與所有人一樣，要承受試煉，也會獲得喜悅；但我必須說，他們的職位使他們有機會享有非常不同的經驗，會見社會不同階層的人民，體驗不同的文化、不同的思考和行爲，一言以蔽之，他們有很好的機會擴大視野。

但我相信，你所提到的鴻溝，事實上比較來自於元首的個人性格，而非他們的職位。在我看來，重要的是元首要下定決心去和民衆溝通接觸，盡可能下鄉探訪，聆聽民衆心聲，了解他們的恐懼和希望。所以我要走訪法國各個角落。個人認爲，我不能沒有這些第一線接觸。

您會吃基因改造食物嗎？撇開貿易大戰的問題不談，您認爲，關於基因改造生物（Genetically Modified Organism, GMO）的爭論，眞正的議題在哪裡？

我和所有的法國人一樣，吃的是經過嚴格檢驗的食物；一關又一關的檢驗，一點一點降低了我們食物中毒的危險。基因改造食物同樣必須通過嚴格的檢驗（或者通過新修訂的衛生標準，例如採用規定的標示與說明），不管商業上的後果如何。

但在這個爭論中，商業層面的考量不是最重要的議題。爲什麼基因改造食物在今日社會引起這樣的不信任，甚至排斥？這是因為，這些食物是在活的生物身上進行實驗與修正之後所得的結果。大家都直覺感到人類做得過了頭，違反大自然。

生物科技是極有發展潛力的領域。它提高了農業生產，減少了耕作時化學藥劑的使用量，促成了化學品甚至藥品的「無公害」生產方式。但基因改造食物有點像藥物，必須先徹底檢驗過所可能造成的副作用，才能正式上市。

有科學家宣稱，某些基因改造食物可能危害健康，引起過敏或中毒，甚至威脅將來抗生素的有效性，我們必須先澄清這些疑慮。也必須徹底分析基因改造食物對環境的影響：它們會不會造成污染？會不會造成不可逆轉的基因突變？會不會破壞生態環境？

面對這些沈重的問題，我當然不贊成採取馬爾薩斯①式的立場，對任何形式的進步抱持悲觀態度。但當我們面臨可能造成人體健康或環境的嚴重危害時，我篤信「預警原則」的重要性。在此情形下，我們必須預防任何無法彌補的錯誤。

在實際的行動上，我們應加強並加速對於基因改造食物之潛在影響的科學研究。同時我們應研擬出國際共同遵守的方案，以備日後不管是誰打算把這些東西商品化時，可以有一套可依循的準則——商業爭議和貿易戰爭就在這裡。以現在的情形來說，國際法並未對預警原則給予應有的重視。我們必須盡快修改這些法令。

外太空即將成爲可供利用的豐富資源。它到底是會成爲人類的共同遺產，或是變成商業公司或國家的私有財產？

我不敢說，我們能夠預測何時太空將會成爲可供利用的資源。我們是有一些進展，但距離正式在太空裡設置生產設施，還很遙遠。太空研究和太空探測仍處於嬰兒期——希望年輕的一代將來能做出重大改變。

我們應對這些重大轉變預作心理準備。你可能知道，一九九九年七月，聯合國舉行了和平使用外太空的第三次國際會議，目的在於邀集與會各國共同界定未來在外太空研究的主要方向。在達成這份協議時，我們必須謹記兩個基本原則。

第一：外太空不得成爲國家或企業的禁臠。這和處理海洋或南極大陸資源的法則相同：任何國家都可使用外太空，沒有所有權人，各國可自由探勘運用，國際合作，互相幫助。爲什麼這些會如此重要？因爲，這是爲了不讓外太空發生和地球上一樣的貿易大戰。我們在剛開始使用太空時就該保持最文明的原則和基礎。

第二：和平使用外太空。顯然，衛星有軍事用途和通訊傳播的用途。但我們必須盡全力防止太空成爲軍事區，甚至成爲戰場。

這兩項原則都不能被當成不言自明的道理，人人都懂。技術的進步，會使得國家或企業忍不住想佔有並開發這塊潛力無窮的領域；某些追求更強武力的國家也會企圖染指外太空。我們必須加以阻止。

我特別感興趣的是年輕人在這個聯合國會議裡扮演的角色。會議召集人提出「太空世代論壇」這個優秀構想。讓年輕人參與討論這個重大議題是很重要的事，因爲他們將是未來進展的領航者，並且終生要面對可能的結果。對我而言，我希望世界五大洲的所有年輕人都能了解太空探險的可能性，並且讓他們的國家共同參與，好讓太空不要被某個國家或企業佔爲己有，而能成就一篇新的、集體的、和平的史詩。

十年、二十年、三十年以前，所有人都試圖想像公年兩千年的景象。請問總統先生，您在二十歲時是如何想像公元兩千年的？

一九五三年我二十歲。那時的我，對於世界將會如何演變感到好奇，而我的視野局限於對當時地緣政治情況的疑慮。

二次世界大戰的記憶鮮活存在於每一個人的腦海中，也存在於日常生活裡。彼時，法國在越南苦戰；冷戰在所有人心裡投下莫大陰影。說得委婉一點，在那時候，和平可不像今天這樣理所當然；爲了享有和平，人們必須挺身而戰，歐洲需要重建。

那時候的我，一來因爲年輕，二來也出於天真，所以自信滿滿，十足樂觀。我相信，所有的理想都可以憑意志和想像力就達成。那是我人生的冒險歲月，我在貨輪上當水手，渴望探索新事物，奔向開闊的世界。在戰後的廢墟中，我感受到一股不凡的能量奔竄在生活的各角落，所有事物都蓄勢待發，但我心中也明白，必須戒愼恐懼，因爲沒有任何事物比保護基本自由更重要的了。

回到你所提的問題，我要這樣回答你：我那時候並沒有像科幻電影那樣試圖預測公元兩千年的世界。我和許多人一樣，被強大的力量驅使著，要去建立一個新世界。

科學和技術的進步，徹底改變了人與人的關係，也提高了人類自我毀滅的可能性。有鑑於此，總統先生，請問您如何看待人類在新千禧年的前景？

科學和技術的確改變了人與人間的關係，也泯除了空間和時間的界限。地球上沒有任何一個角落可以再處於孤立狀態。

但這不是唯一的改變。人類支配地球的程度，遠超乎從前所能想像。地理上：適於人居的土地差不多都開墾或形成都市了；其他原本不適人居的土地，也由於人類的聰明智慧而一點一點開花結果。軍事上：我們在二十世紀裡獲得了空前強大的毀滅力量。知識上：人類逐漸認識到宇宙萬物和生命的奧祕。生態上：人類的活動範圍本來只限於自己的四周；但到今天，我們必須懂得一件事：在我們所生活的環境中，我們的任何決定都可能造成永久性的影響。

有人對此感到憂慮，認爲人類生來盲目，這將導致人性的泯滅。人類是魔法師的危險學徒。

我個人相信，人類本身有能力控制自己的力量，把它導向和平用途。但我同時也是現實主義者：我相信，人類文明的下一個重大挑戰，將是架構一套普遍適用的倫理，並使之付諸實現，同時要規範出一套重大遊戲規則，好把人類逐日漸增的力量用在良性的用途上。

我們必須有新的法律，明文禁止大規模毀滅性武器的擴散，以避免戰爭。

人類現在已能利用基因控制來介入植物、動物，甚至人類本身的生命機制。我們亟需建立一套通用的生化倫理規範。

人類之力，足以耗盡大自然的資源。現在該是實踐永續發展原則的時候了。這樁任務的核心，包括必須讓整個世界的經濟發展獲得更公平的分配，因爲南北半球之間的貧富差距，已成爲實現這些計劃的障礙了。

總統先生，假如您是全世界最窮的七個國家之一的總統，請問，您打算如何使您的國家「躍進」第三個千禧年？

我認爲，國家發展必須以「民主」和「教育」爲兩大不可或缺的支柱。不能尊重個人權利的國家，不會成功。民主制度是最具激勵精神的體制，在民主制度下，不分男女，人人都有機會成功。

而教育是國家發展的引擎。我們必須確保男孩和女孩都擁有平等的受教育機會，因爲教育是他們的成功之鑰。有了新的資訊科技幫助，孩子們更有機會受教育。但我們必須小心，別形成新的知識高牆；我們一定要讓最窮的人也有機會使用新科技。

然而，經濟窘困的國家需要富國的幫助才得以發展。他們沒有辦法獨力辦到。你所謂的「躍進」，受限於這些條件，不過當然這是另外一個層面。

我不會隱藏我對於自己國家經濟力的焦慮。假如光靠民間投資無法負擔起建立國家基礎建設的任務，就必須適度進行官方的援助。現在，富裕國家所投入的官方援助銳減。這使得窮國被拒於當前全球化趨勢之外，陷入窘境。這在全球平衡發展的觀點來說極爲危險，從人道觀點而言，也令人無法接受。

在世界局勢上，經濟事務的角色日形重要。您認爲，未來我們可不可能成爲跨國企業的公民，而非單一國家的公民呢？

一定不可能！經濟確實逐漸成爲靈魂角色，在廣大的國際市場上，沒有哪一個國家能夠獨行其是而不造成嚴重衰退：看看那些堅持採行封閉經濟政策的國家，他們的下場足可爲鑑。全球休戚與共，這有時會造成壞結果，因爲國與國間本就存在的差距拉大，惡化爲鴻溝；但也有光明的一面，因爲全球化使得許多國家經濟起飛，現在已享有高水準的生活。

但是，我們那種需要有根的感覺，那種對於自己的國家民族與文化的感情，現在可能是最深的時候。也許是因爲我們從來沒有正視過全球化所帶來的恐懼。所以，我們既是世界公民，更是熱情的歐洲公民，但我們永遠會是自己國家的國民——在文化上和感情上，我們需要這個重要的連結，一如我們在政治上需要一個國家。事實上，國家的基本責任沒有改變，還是要維護人民的機會平等、全力發揚公民精神及保障人民安全。國家領導者必須謹慎從事，務必以人民福祉為社會發展的最高目標。國家必須面對全球化所帶來的不良影響，並控制箇中風險，免得應了科幻小說中所提出的預警，使這世界變成一個人性盡失的巨型跨國組織。

您是不是贊成賦予聯合國一個主要的角色，並且讓巴西、印度、日本及德國等大國在安全理事會當中享有常任理事國的席次？

我完全同意。自從同盟國在一九四四年簽訂聯合國憲章以來，全世界經歷了巨大的轉變。現在是該反省這些轉變的時候了，因為安理會必須全然擁有所需的合法性，才能執行各國所託付的維和任務。

二次世界大戰的起因，多少與集體安全機制的崩潰有關。盟國痛定思痛記取教訓，決定未來新的國際組織必須有永久常設的機構，才能快速並有效面對挑戰。安全理事會就是在這種考慮下成立的。

安全理事會這個體制，在冷戰時備受阻撓，美國和蘇聯的對抗，使得安理會爲之癱瘓。一直到蘇聯的改革開放才出現轉捩點，安理會開始扮演解決紛爭的要角：兩伊戰爭、伊拉克入侵科威特、南斯拉夫危機、西撒哈拉衝突、柬埔寨維和任務、盧安達種族屠殺，安理會在這些地區證明了它的效用。

但仍有異議。強權常喜歡一廂情願採取行動，新興強權不願意遵守集體行爲準則，半大不小的國家則質疑安理會的角色，並且顧慮到安理會的擴大對他們沒有一絲好處。若要維持安理會的體制，也就是它的合法性和軍備，我們就必須改變安理會的組成。我們要遴選新的常任理事國，這樣一來，當國際社會面臨危機時，才能隨時向常任理事國尋求奧援。

該包括誰呢？當然要有日本和德國，因爲這兩個國家在過去已承擔了極重的責任。還要有印度，它是人口數衆多的國家。最後，拉丁美洲和非洲各要有一個代表國，至於要是哪個國家，由這兩大洲自己決定。

像這種性質的改革，還應包括開放安理會的非常任理事國席次，以維持整體的平衡。我想四個就夠。

聯合國爲此已經討論了許多年了。出於某些可理解但很狹隘的區域理由，世界上的國家正在弱化一種全球性的管理角色，而這角色對於二十一世紀來說偏偏是十分重要的。我由衷希望我們能有集體的智慧，共同了解到現在該是停止爭吵的時候了：我希望能傳達這個訊息給其他國家的領導者知道。

您個人的生涯爲許多人帶來了希望，您證明了只要努力，夢想就能成眞。總統先生，您有沒有哪句金玉良言想告訴新千禧年的年輕人？

我會告訴他，任何事都有可能。這句話對年輕人來說永遠成立，特別是對於在公元兩千元時滿二十歲的年輕人來說。這並不表示現在日子好過。誠如聯合國開發計劃署一九九九年的報告所言，爆炸似的全球化發展、無法想像的快速經濟交流和人類交流，也造成了不平等。比方說，新科技的取得乃是全球化的火車頭，這部分卻是世界上最不被衆人共享的資產。這也是爲什麼我們愈來愈需要控制全球化的腳步，把全球化所加劇的不平等加以矯正，簡言之，就是要重新用人道角度來考量全球化的議題。

在全球化的脈絡下，需要適應和需要競爭已是無可爭辯的事實。然而，對於今日的年輕人而言，還有很多事物等著建立及構思。一個二十歲的法國人、德國人或英國人，當然是他們自己國家的公民，但他們也是歐洲的公民；他們一同研究、共處或共事的機會愈來愈多。我們和工作的關係也一點一點在改變，擁有更多休閒和家庭生活的時間。個人獲得自我滿足的可能性，也比過去多了很多。這就是爲什麼我希望年輕人要有自信，但也同時要具備足以自信的條件。而這就是要學得一技之長，投入工作的世界。這意味著要不斷自我挑戰，充實自己，不斷進修。這意味著不斷前進，探索新領域，面對生命的一切可能性。

我還會忠告年輕人，面對二十一世紀，他們必須堅守應有的文化、身份及價値觀，尤其要尊重別人，寬容開放，關懷所有人的尊嚴和自由。以倫理爲基礎，應該是現代精神的基本條件。

在過去的一千年裡，我們一點一點認識地球各個偏遠未知的領域。您認爲，當這第三個千禧年結束時，我們對宇宙的了解會像現在我們對於地球的了解一樣多嗎？

我們對地球的了解仍有待加強。地表下、高空騷動的大氣層內、最黑暗的海洋深淵裡、生態環境最珍貴的自然寶藏中，不管在何處，我們人類只要踏過了或進入了，就會留下資料和標記。但仍然有未知和不確定。不過，我們已經能肯定兩件事。

第一、地球是整體的：海洋、大氣層、極地冰冠、陸塊、生態圈等等，這些主要角色彼此之間有著或溫和或激烈的相互作用。

第二、生命和大氣是互賴共存的；這兩者的連結十分脆弱，而我們時時感受得到這個脆弱。

一九〇〇年時，我們對宇宙所知甚少。我們不知太陽和星星爲何發光，不知有其他星系的存在。但在短短數十年間我們已能理出宇宙的歷史。這歷史包括兩個層面，其中一線是在「大霹靂」（Big Bang）之後宇宙擴張的歷史；另外一線是物質逐漸形成星系、恆星及行星的歷史。這揣想出來的「劇情」，以後一定會不斷修改擴充，甚至被一個更完整、更一致的理論取代，不過就目前來說，大霹靂理論仍然是研究宇宙科學的起點——不管關注的是宇宙中特異的天體，尤其是黑洞，或是探究宇宙的未來和擴張，或探討它會不會收縮，走向最終的「大擠壓」（Big Crunch）。

所以，我們還需要一百年才能更深入了解地球嗎？理論上來說，是的。但我們要用整個千禧年才能進一步認識宇宙嗎？不需要。

注釋：

①馬爾薩斯（Thomas Malthus, 1766-1834），英國牧師，以其《人口原則論》（*Eassy on the Principle of Population*）聞名。他認爲，一個地區的人口成長到一個程度，就會因飢荒、戰爭、流行疫病等而得到平衡。農業生產的方式進步，只造成人口成長，別無其它好處。

問話 3

從政的女性人口偏低

女性人口佔地球的一半，
可是，爲什麼女性的政治人物那麼少？

答話人

加拿大總理 **柯赫田**

1934年1月11日生於魁北克的沙溫尼根市。

魁北克省拉瓦爾大學法律學士。

1963年進入下議院。此後歷任多項內閣職務，

包括印地安事務暨北美發展部長、財政部長、能源礦物部長等。

1986年離開公職，回頭當律師。

1990重返政壇，成為所屬的自由黨黨魁，

1993年10月成為內閣總理。

多年來支持率始終居高，民眾喜歡他的平易近人。

然而有記者表示：「在他活潑的外表下，

隱藏著不欲為人知的自我。

也許，只有在高爾夫球場上才看得到他流露真情。」

聯合國被要求介入衝突事件的次數愈來愈頻繁。全世界是否應該設有常備軍隊？

面對國與國之間的衝突或某個國家內部的衝突，解決方法不只一種。多國部隊的軍事介入只是方法之一，而從加拿大的觀點來說，這應該是最不得已時的對策，我覺得外交手段與國際合作會是更好的方法，雖然說有時候此二法的成功機會並不大。

事實上，國際社會對每一個新的衝突都該有不同的因應，考量各種可能途徑。外交斡旋永遠應該擺在介入的第一階段，而外交手法只在很少的情況下會派不上用場。以北愛爾蘭的例子來看，只有外交手段才解決得了最困難的情勢。

可惜，外交手段在幾次事件中沒能達成目標。在這幾次事件中，國際社會有數項工具可以使用，包括採取經濟制裁或政治制裁，或甚至對有關國家實施完全的孤立制裁。無論如何，我們比較希望看到的是，不須出動軍隊進駐交戰國就能解決問題。

倘若確實需要派駐軍隊到交戰國，那麼一定要讓這支出動的國際部隊負有明確的使命及目標。這樣的使命，可以交付聯合國的多國部隊或其他國際組織來執行。有時候，是由區域性組織發起要停止衝突的，譬如非洲團結組織（Organization of African Unity），在這種情況下，除非衝突加劇，或是解決有望但還需更多國際夥伴的支持，國際社會才介入。

加拿大經常參與維和行動，在國際間享有聲譽。自一九四五年聯合國成立以來，加拿大共派出十萬多人次的人員，參與聯合國四十多項任務，而我們到今日仍盡力積極參與。多年來，加拿大也致力於尋求能和平解決衝突的辦法。自聯合國創立以來，加拿大即積極參與聯合國各項工作，對於其他如大英聯邦、北大西洋公約組織、國際法語人士組織（International Organization of la Francophonie）等國際組織的工作，亦一向不遺餘力。在締造與維持和平的努力上，加國扮演著領導角色。

締造和平，更是加拿大外交政策中不可或缺的一環。加拿大重視的是「避免」衝突，而非「處理」衝突，這就必然會重視如何建立一個以和平方式解決衝突的傳統，並繼續加以強化，同時協助社會與經濟快速變動的國家建立有效解決衝突的機制。

在這方面，加拿大於一九九六年訂定了「加拿大鞏固和平法」，希望藉由鞏固加拿大締結和平的能力，以及增強加拿大在相關國際事務的參與，支持所有爭取和平與穩定的國家。加拿大政府與聯合國合作，協助許多國家鞏固其和平暨穩定發展之基礎——這基礎，指的是紮實的公民社會、實施民主制度、尊重權利與自由、減少貧窮、婦女參與國家發展。

要達成這個目標，就必須擁有各行各業的專家，隨時供國家調配運用。多年來，加拿大除了軍隊之外，警察、法醫、檢察官與法官都曾貢獻一己之長，參與推動加拿大的民主。這些人員應該被列爲常設小組嗎？這問題很有得討論。

在沒有常備軍力的情況下，數項具體措施已經執行，以確保聯合國隨時有能力避免衝突或介入衝突。就此，加拿大扮演了關鍵性的角色。

此外，爲加強國際社會在危機出現時能立即介入的能力，加拿大積極參與相關工作。一九九五年，加拿大向聯合國大會遞交了一份報告：「聯合國維和行動：快速反應能力之道」。而後，聯合國秘書處實施了加國所提的二十六項建議中的十九項（或局部採用或照章全收）。

這二十六項建議中有一項最重要：成立一個「任務快速部署總部」（Rapidly Deployable Mission Headquarters, RDMHQ）。聯合國秘書長安南在分析聯合國內部改革時指出，快速部署能力是增進危機反應能力的關鍵要素。像RDMHQ如此具體的提議，以及聯合國的「快速反應常備軍」等機構，確能增進全球性組織和國際社會維持和平的能力。

民間警察在聯合國行動中的角色更見吃重，因爲從維持和平到鞏固和平的整段時期，民間警察可以在軍隊與當地政府中間形成很重要的隔離區。

最後，丹麥提出了「速捷常備隊」（Standby Forces High-Readiness Brigade）的概念，事實上，這概念與加拿大向聯合國大會所提的建議大同小異。速捷常備軍的目的，是希望在情勢失控之前就能完成部署。速捷常備隊的組成，由常備安排系統（Standby Arrangements System）決定，平常聯合國沒有提出要求時，參與各國自行管理軍隊。

加拿大會繼續與聯合國合作執行外交與和平締造的任務。所謂的締造和平的「最佳」方法，事實上是一個恆常變化的過程，而加拿大永遠願意積極參與。

二十世紀剛開始時，地球上有十億人口。到了一百年後，全世界有六十億人。我們的人口會增加到什麼程度？我們又能承受多少？

這個問題實在沒辦法回答。太多人口學專家也在問自己這個問題，卻無法得到一個大家都同意的答案。不過，有一件事可以確定：地球人口在這一百年來大量增加，以今日的出生率來看，每天有二十三萬個新生兒來到人間。

從一個比較具體的角度來看，我認爲我們該問的是：我們有沒有能力創造出適合全地球人居住的生存條件，是不是能讓所有人享有居所、健康的飲食、充分就學、身體健康，以及過得去的生活環境。

這些才是眞正的挑戰。假如從這個角度來看，世界人口的增長就不純粹只是人口問題，而是發展問題。放眼全球，你會發現，發展不足與人口過多是兩個緊密相連的問題：窮困的國家，往往就是嬰兒出生率偏高的國家。

我們很多年來就心知肚明，關於人口過多的問題，解決之道在於生育控制與家庭計畫。我們也知道，這類計畫一經實施通常成效驚人。但減低出生率遠非最終的解決途徑。相反的，首要目標應該是讓所有人享有更高品質的生活。低度開發國家的人民，享受不到基本的生活物資與服務。面對發展不足，不能以減低貧窮人口爲對策，而應該要確保能讓窮人致富，譬如創造出經濟契機、提高受教育機會、工作訓練和高品質的社會福利——加拿大倡議要把影響窮困國家人民生活品質至深的外債給降低，甚至減除，正是爲了幫窮困國家達到這個目標。

地球上女性的人口不亞於男性。爲何從政的女性人數那麼少？

中國有句話說：「女人撐起半邊天。」不過，活躍於政壇的男女性比例的確懸殊。

爲什麼會這樣?放眼世界，我們可以找到千百種原因，從習俗、文化、宗教信仰，甚至帶歧視意味的規條都有可能，而有時候，女性覺得自己在工作之外還要負擔別的責任，一旦從政恐怕就無法兼顧。

加拿大的女性從政人口比若干國家來得高，而當然還不到應有的比例。但在聯合國開發計畫署（UNDP）所做的人類發展指數評比當中，加拿大是第一名，對此我非常自豪。UNDP也評估各國提供女性平等機會的表現，而加拿大在這項目的成績更出色：加拿大連續三年在針對性別發展的項目上名列前茅。在聯合國開發計畫署一九九九年的報告中，加拿大在「婦女主流化」項目，亦即婦女在國家的政經領域中的活躍程度，從第七名上升到第四名。

加拿大最近一次的全國大選，衆議院要選出三百零一個席次，其中女性佔了六十二席。就在最近，亞菊安・克拉森（Adrienne Clarkson）被任命爲加拿大總督，成爲本國第二位擔任最高元首的女性。我個人很榮幸，有機會提名二十三位女性加入加拿大的參議院。這是歷來的加拿大總理提名女性人數最多的一次。目前一百零五名參議員中，共有三十五位爲女性。

隨著二十一世紀的到來，加拿大一定會在各種對人民有重大影響的事件、決策過程及政策上，加強女性的地位。

宗教是民主的障礙嗎？

宗教與民主發展的問題既廣泛又複雜。儘管這是個很古老的問題，但在新千禧年伊始，它仍是至關重要的課題。

顯然，我們可以從好幾個角度來看這個問題，例如政治理論、哲學等。我才疏學淺，無法全面探討這個問題，因此我就幾個方面簡短做出回應。不過，我要說的話都出於兩個信念：第一，我相信精神層面對人類發展的重要性，第二，我相信把民主當成價值體系與社會組織方法有其優點。

你問，宗教是不是民主的障礙。假使我們只看「理念」，說實在的，民主與宗教這兩者沒有明顯的衝突。從這個角度來看，我們甚至可以說，宗教信仰與民主是相輔相成的。

大家都說，看一個國家的少數族群享受到多少尊重，就知道這個國家的民主品質如何。就定義而言，民主制度要照顧多數人的幸福，同時尊重不同的聲音與意見。「尊重異議」這項事實，特別就宗教信仰這個層面來看，是民主的一項基本元素，以「人生而平等」這古老觀念爲基石。抱持不同信仰的人，若不能享有平等待遇，就沒有「良心的自由」(freedom of conscience)，假使沒有了良心的自由，就沒有政治自由，也就沒有民主。

至於民主，乃是以價值觀的多元爲養分。不同聲音與意見的表達和進入政治場域辯論，可以促成民主的演進、調適，並能反應人民的渴望。凡是不能讓社會中必存在的異議都得以自由表達的政治體制，就不能代表它的人民——準此而言，就擁抱民主基本精神的這一層意義來看，宗教確乎是民主精神所涵容的多元理念與價值觀之必要成分。

如果說，在理論上，宗教與民主在基本上是不衝突的，然而歷史——甚至是近代歷史，卻顯示出截然不同的事實。事實上，宗教是人類歷史上許多衝突、暴力與苦難的根源。然而，眞正對民主造成威脅的不是宗教，卻是極端激烈、近乎狂熱的信仰形式最可能迫使尚未站穩腳步的民主倒退。

就在最近，這個問題到了令人害怕的地步。固然，冷戰的結束，以及隨全球化而加快了的經濟與技術變化，確實是人類的福祉，但這些現象有其陰暗面。若干個人與群體，非但沒有把握這全球性的歡騰，反倒以更傳統甚至極端的價值觀來展現他們的存在。在這種現象映照下，宗教自由似乎特別脆弱。對於良心自由的攻擊以各種形式出現，從莫名其妙濫施暴力到出於政府認可的歧視，還包括有組織的和官方暗中進行的迫害活動。

基本教義派在世界幾個角落冒出頭來，威脅了人性尊嚴與自由，因而愈來愈成爲國際關注的焦點。

此外，向全球推廣基本自由，是加拿大外交政策的重點。我們在此方向的努力，反應出加國人民所珍視的、累積三百多年歷史所得的共同價值觀。加拿大是一塊屬於移民的土地，一塊由各種族裔的男男女女所開發的土地。寬容與尊重多元的精神，與我們共有的身分認同緊密相連。在我們的機構裡、我們的基本法中、我們的歌謠與書寫文字、我們對國家未來的前瞻，以及加拿大在世界的位置，都有著這些價值觀的聲音與存在。我們也都明白，倘若來到加拿大的人民沒有機會以自己的方式貢獻其力，加拿大不會有今日的風貌。

在聯合國，我們堅決支持「特別報告官」（Special Rapporteur）對於宗教排斥所提出的研究。聯合國發表聲明，不容許假借宗教之名的任何形式的不容忍與歧視——加拿大參與了這項聲明的起草工作，並努力宣揚這項目標。在聯合國大會或聯合國人權委員會，許多譴責宗教排斥的決議案中，加拿大也都是一開始便予以支持。

人權委員會的特別報告官亞莫（Abdelfattah Amor）指出，在宗教信仰方面出現了令人憂心的發展。他發現：有些國家訂定了不利於弱勢宗教族群的政策，特別是排擠官方未承認的派系與新興宗教運動的現象愈來愈多，政府以外的機構排斥弱勢宗教團體、有歧視女性意味的措施與習俗、基於男性觀點對於宗教傳統所做的詮釋，在在有增加的趨勢。

捍衛宗教自由，是爭取個人權利受到尊重的歷程中不可或缺的一環，而個人權利爲一切人類尊嚴的源頭。爲擁抱多元文化與宗教樹立了模範的加拿大，將更積極宣揚寬容的精神與尊重異議的態度，這兩個價值觀對於宗教信仰自由來說是至關重要的。

人類已經有能力剷除像天花這一類的致命疾病，但爲何還不能根除最可怕的病：文盲？

當你在抵抗像天花這樣的苦難時，你只與一個敵人作戰。這個敵人狡猾得很，行蹤難以掌握，想擊敗它更是困難。但經過了多年的研究，我們終於能揭開它的面目，辨清它的特徵，而且由於一點點幸運，我們也找到了擊退它的方式。

找到解法後，我們立即執行，通常是以疫苗注射的方式進行。你到學校、診所，到最偏遠的社區敲門，把人群召集過來，然後注射疫苗。就這樣，我們消滅了一種可怕的疾病。

第一劑天花疫苗是在一七八九年發現的，但是要到一百八十年以後，我們才根除了天花這種病；擊退這樣頑強的對手，需要很長時間的準備。每一個國家必須通力合作，一心一意做一件事。你需要專家，也需要一大筆可隨時運用的金錢。

人類花了將近兩百年的時間才剷除天花，因此，想要消滅文盲現象也是需要時間的。不過，照人類在二十世紀所取得的許多進展看來，我們與文盲抗戰的時間，會只是數十個年頭而不會是幾個世紀。

大家應該都記得，我們從學字母開始，到懂得拼成字，要花多少年的時間；而從辨認字義到了解句義，再到理解整段文字的意思，又要花多少年工夫。

而在這長年的學習過程中，有許多人在我們身後教導我們。我們有學習工具：書籍、鉛筆、筆記本。而且，還好我們也有時間做功課。認字書寫的學習，需要每天接受一點點的知識，而且需要很多年持續進行。

在許多國家，人民太窮，連兒童都必須幫助父母賺錢養家。這樣殘酷的事實，我們必須尋求對策。印度有一個針對年輕女孩而設計的求學方案，讓學齡女孩們上午上課，下午製作手工藝品銷售。如此一來，她們就能繼續幫助家計，同時能受教育與學得一技之長。

這個例子說明了我們必須依個別情況來擬定識字計畫。在比較不富裕的國家中，有許多需要滿足的需求，特別是食物、住屋與醫療方面的需求，這通常就使得識字成了次要的考量。對於這些國家的人來說，求生存是首要目標，買食物當然比買筆記本學寫字重要太多，而根本不是個二選一的問題。但在比較富裕的國家裡，問題可能會有不同的面貌，但並不代表就比較容易解決。

像文盲這類的挑戰，不是只有一種方法就能解決。解決方法有時是用個人的力量，有時要靠群體。前者如憑一己之力在自己的社區設立識字活動；後者則像一群人或國家聯合發動提升識字率的計畫。

目前有幾項教導全球十億文盲讀書寫字的計畫在進行中。加拿大積極參與了這類國際性的活動。感謝這類活動的努力，現在十個人當中有八個人具有讀寫能力。而在五十年前，十人中只有四個人有識字能力。因此，我們可說已有長足進展。

學習閱讀和寫字，是教育的基礎。而唯有教育才能帶來自由的、充實的生活。每一個人都有權受教育，可惜不是所有人都享有同等的機會。這是當今的一大考驗。

假如有小行星威脅了地球人類的生存，你會怎麼辦？《星際大戰》電影有沒有在戲院之外帶來任何恐慌？

我是從事政治的人，不是科學家，所以我以下的回答可不是內行人的反應。我知道最近幾年來，有幾部電影描述行星軌道與地球相碰撞的劇情，大家看得津津有味，我希望這些電影不會造成年輕朋友不必要的恐慌。我們必須牢記一點：地球是在很廣闊的空間中的一個很小的星球，而我們所處的宇宙，可以說是沒有邊際的。那種行星撞地球的災難眞正發生的可能性非常低，而發生在我們這一代或我們下一代或孫兒那一代的可能性，也同樣微乎其微。

以人類今日的發展程度，無法猜測這樣的威脅會不會出現，如果會出現，又是在何時會成眞；同樣的，我們也無法預見人類會如何反應。

面對任何威脅都一樣，只要事前收到愈多警訊，就有愈充分的時間尋求對策。科學家定期觀測太空，而偵測太空的能力每一年都比前一年進步。隨著人類的工具日見精密，我們看到了更深更廣的太空，也因此能有更大的安全空間。

假使全人類眞的遭受到你問題中所說的那種威脅，我相信，屆時國際社會將會召集地球上最聰明的人，請他們合力找出對策。一旦有那樣嚴重的威脅當頭，各國會忘記彼此的紛爭與敵我關係。

最後我要說，我也看過那些電影，希望年輕朋友別把娛樂與科學混為一談。全球各地有頂尖的大學、研究機構與天文館，讓人可以更深入了解太空與天文學，這是非常有趣的領域。我鼓勵大家，特別是年輕朋友們，能親自拜訪這些學習機構，或到網際網路上漫遊。也許能找到你問題的答案，或找到一個新的興趣，甚至是一個終身事業。

在新千禧年裡，那種只在自己國家內運作的企業還會不會存在？

我相信，不論是大型、中型或小型的企業，永遠可以在世界當中找到活動的空間。事實上我認為，想要創業的精神、想求新求變的渴望、想讓事情變得更好的心情，是人類心靈不可或缺的重要動力。

我覺得，加拿大對於經濟全球化的反應，與我在其他國家看到的情形相似。有人認為全球化是一種威脅，有人則如信仰宗教一般篤信全球化不疑。就像我先前說過的，全球化不是一個選擇，它是一個事實。所以我們必須讓各個社會更加了解全球化的好處，能夠有信心，更充分準備迎接改變。

儘管國與國之間的貿易屏障正逐漸消失，大型跨國企業也日見發達，但新科技也同時使得中小型企業能更加繁榮。大企業不可能一手包辦所有的事！通訊科技的革命使得許多人能發展出小型的專門行業，連傳統的手工藝都能藉由網際網路而傳到更廣大的世界。只要花一買點辦公器材的錢，任何人都可以舒舒服服躺在家裡當一個出版商。

我們不要覺得，市場的全球化會對創業精神造成傷害，或是會阻礙主要在國內經營的小型企業的發展。事實上，像北美自由貿易聯盟（NAFTA）或歐洲經濟共同體（EEC）這樣的區域性貿易組織，反倒提供了許多小型企業進入其他市場的機會。

加拿大政府有著國際援助的計畫，從這個計畫出發，我們支持開發中國家採行「小型信貸」（micro-credit）計畫。小型信貸的意思是，貸款給達不到一般銀行貸款條件但有意創業的人。這項措施施行後極受歡迎，是打擊貧窮的一個有效方法，使得原本被金融機構拒在門外的人，得到了與一般銀行相近利率的貸款，展開自己的小型事業。

全球有十億多的人，每天的生活費不到一塊錢。而有了小型貸款幫忙，就有錢購買牲畜、工具或設備，提供所需的工作機會。小型信貸目前最爲人熟知的例子是孟加拉的葛密銀行（Grameen Bank）。葛密銀行迄今已提供不須抵押品的貸款給兩百多萬人，大多是孟加拉最貧困鄉間地區的人。目前加拿大每年出資超過一億元，提供小型融通資金及小型企業資金，給四十多個開發中國家與經濟轉型中國家使用。我們也定期與國際夥伴合作，來提高民間企業的參與。

十年、二十年、三十年之前，所有人都在想像公元兩千年會是何種樣貌。總理先生，您在二十歲時是怎麼想像這新千禧年的？

我二十歲那年是一九五四年，但我不記得自己花許多時間想像兩千年的世界會是何種面貌。那時候的我，有一點老氣橫秋，對政治熱中，特別關注我家鄉魁北克的政治局勢。我差不多就在那時期立志要當律師。

我記得，那時候的人非常信任科技及其改變生活的威力。或許你會覺得好笑，但當時的空氣中充滿了對科技未來的憧憬；我們要住先進的房子、要穿最精美的服飾，還要有反重力汽車，能讓我們一路駛進公元兩千年。我那時候對這些預期沒有多少信心，但我始終相信高科技與創新會帶來好處。而今日加拿大在太空、飛機設計、機器人技術、資訊科技、運輸與能源等各項領域突飛猛進，對此我深感自豪。

在那個年代裡，世人關注的是比較迫在眉睫的問題。五〇年代，我們看著冷戰展開，美蘇兩大超級強國之間的緊張關係，是活生生在眼前存在的東西，第三次世界大戰彷彿一觸即發。因此那時候有人認爲，人類活不到二十一世紀。十年前，冷戰隨著柏林圍牆倒塌而結束，我很高興看到，在歐洲安全暨合作組織（OSCE）、八大工業國①及聯合國的架構下，曾經敵對的國家能共同合作，參與維和計畫及其他國際性活動——突然間，冷戰的威脅消失了。我們能面向未來(而非觀望過去)，並且能思考眼前的這個新千禧年。

在二十多歲時，雖然我最關心的是家鄉的政治情況，卻還是有幾件國際大事深深影響了我。其中一件是一九五六年的蘇伊士運河危機。當時的埃及政府突然把連接地中海、紅海及印度洋的蘇伊士運河收爲國有。蘇伊士運河本由英法蘇伊士運河公司（Franco-British Suez Canal Company）所建造並擁有，對多個國家有其經濟與戰略上的重要性。埃及的舉動，使得這些國家都準備作戰，相互間的敵意，使得中東地區的局勢緊張異常。

當時加拿大政府所採取的動作讓我體會到，國際社會經由共同合作可以取得怎樣的成果，那些事件讓我有所領悟，知道加拿大這樣一個中型的國家在國際舞台上能做什麼事。這經驗一直在我腦海中，深深影響了我所懷抱的新世紀遠景。

加拿大當時的總理聖勞倫特（Louis St. Laurent），把任務托付給當時的外交部長皮爾森（Lester Pearson），由皮爾森尋求解決方法。皮爾森建議，派遣一支由加拿大統領的國際兵力前往中東調停。聯合國大會接受了這項提議，交戰各國亦無異議。那年十一月，這支也動員了加拿大兵力的聯合國緊急調停軍隊抵達蘇伊士運河，展開談判。最後，危機解除。皮爾森獲頒一九五七年諾貝爾和平獎，後來成爲加拿大總理。他被稱爲「現代維持和平之父」，而加拿大也一直保持這維護和平的傳統，多年來幾乎參加了所有聯合國及其他機構一切相關的任務。

我相信，國際社會與聯合國一起合作，是可以解決歧異的。我相信聯合國的意義和功能，也相信國際合作的效果。我的這種信念，正是加拿大數十年來外交政策的柱石。

科技的進步，對於人與人之間的關係造成革命性的影響，並提高了人類自我毀滅的能力。在這樣的發展下，您如何看待人類在新千禧年的遠景？

提出這個問題，是出於一種何等悲觀的假設！就我個人來說，我對於人類未來抱持樂觀的看法，而且我相信，科技進步所帶來的好處多於壞處。

當然，我們不能掩住雙眼，假裝沒看到今日世界所面臨的諸多問題。在有些國家內部甚至國與國之間發生衝突；財富的分配日益不均；整個國際社會遭遇可怕的新威脅；我們與氣候變化及永續發展等新問題抗爭著；無數的人受飢餓、疾病及天災之苦，而我們必須帶給他們紓解之道。但環顧世界，我們可以說，與人類歷史的任何一個階段相比，今日地球上的居民享有較佳的健康、較高的安全保障，飲食更是好過從前。

且讓我們深自思考。冷戰結束了，在聯合國及其他國際組織的努力下，國際間以空前密切頻繁的程度在攜手合作。世界上現有一百九十個獨立的國家，其中絕大多數都是民主國家。一九六〇年代末期與七〇年代早期的綠色革命，在農業技術、作物品種、肥料及機械設施的大量轉移下，把數百萬公頃的貧瘠土壤改造成肥沃的耕作地。醫學科技的進步，使得數以百萬的人免於早夭，減少痛苦——也不過幾十年前，即使是在富有的國家，流行性感冒與肺炎還常常奪走人命。藉由與聯合國的合作，國際社會已經根除了天花等疾病，而在幾年前，天花還是開發中國家的天譴。每一天，水重生計畫都救活了幾千條受疾病侵害的人命，而這些疾病鮮少影響過我們這些長於富裕國家的人。

當我們看看這些年來人類所取得的進展，我們必會發現，人類在適應、創新及改善生活環境的潛力上，有著無窮的可能性。

我在魁北克省的沙溫尼根（Shawinigan）長大。我年輕的時候，想去一趟蒙特婁或魁北克城，都是件需要大費周章的大事，也需要體力。我們所認識到的魁北克以外的世界，來自口耳相傳的故事、報紙文章或廣播報導。今日，拜通訊革命之賜，年輕人想要去隔壁村落、去另一個城鎮、地區或另一個國家旅行，只需輕輕按下電腦滑鼠——天涯若比鄰，透過網路就可以交到其他國家的朋友。

在某些情況中，科技的確帶來威脅或造成人際分裂。但是，科技也能讓我們更親近，鼓勵我們去了解人與人爲何有異，去接受別人的不同。提出「地球村」一詞的人，是三十多年前的一位加拿大學者，麥克魯漢（Marshall McLuhan）。他曾經預測：立即的通訊與大衆媒體，將會泯除時間、空間及語言的隔閡。儘管麥克魯漢的用意在於警告大家，這些發展對於社會運作所可能帶來的危險，但是他和我一樣，對於人類在第三個千禧年發展的可能性，抱持著樂觀的期待。

如果今日您所治理的國家是全球最窮的七國之一，您打算如何讓國家躍進新千禧年？

我們都知道，關於貧窮與發展不足，沒有簡單的解決對策。而且，就我個人來說，即使工業國家擁有許多值得發展中國家學習的經驗，但世界上根本沒有哪一種發展模式是可以直接轉移，完全移植到非洲、亞洲、拉丁美洲或東歐國家的。

很多人在談亞洲、美洲與瑞典的發展模範，其實加拿大也未嘗不是個發展模範。但是，這些模範生到底是在哪些方面可當成模範呢？它們其實比較像是參考架構，因爲這些國家的發展，是以適合自己社會的文化與歷史的方式在進行，而這正是這些國家得以成功的主要原因。仍處在發展初期的國家，必須找到適合自己的發展之道，就像加拿大、瑞典和亞洲四小龍找到了適合自己需求、自己的文化、傳統及希望的方法。

因此，假使我治理的國家是全世界最窮的七國之一，首先，我會先找出我國問題的根源所在。貧窮是個非常複雜的問題，肇因於多種因素。即使是全球最富有的國家，貧窮都是個難以應付的課題。想要對付貧窮，必須要能明確掌握眼前情勢，測度出情勢的廣度與深度，找出造成問題的主因，是因爲缺乏教育機會呢，還是與能耕種的土地面積太少有關。

接著，我會找出我國所獨具的相對優勢。有天然資源或能源嗎？國土位置有地理優勢嗎？勞動力充沛嗎？具有創業精神的人口，是否都懂得把握機會？而這些創業人口是否有足夠的資訊與知識，得以起步、擴大事業、有競爭力、開始外銷？他們有貸款的管道嗎？

詳細分析了這些之後，我開始擬定行動計畫。我的計畫不會因野心過大而導致無疾而終。相反的，經驗告訴我，重大的變革，是若干具體的小型行動累積的結果。想要達成確切成果，最佳方式通常是訂下清楚而實際的目標。

還有一件事可以肯定：我的行動計畫就算再實際再具體，若是不能一開始就獲得民衆的支持，到頭來一定宣告失敗。而要確保得到民衆支持的好方法，是要以民主方式徵詢選民意見。對我來說，民主是任何發展過程的基礎。民主，對於個人權利與基本自由的尊重，重視法治精神，這些都是繁榮社會所憑藉以立根的基礎。民主不能保障一定成功，但民主是獲得成功的必要條件。

因此，我所帶領的政府將會以民主方式產生。而行動計畫在擬定之初，就必需廣徵人民意見，並與相關團體磋商，這會以全國對話方式進行，訂出大目標與應該優先考慮的事項。不能獨斷獨行，因爲選民的反應很簡單：如果你亂來，選民就會打開大門叫你滾蛋，而另外找人來做事。想要一手遮天的政客，通常會落得這種下場。

計畫能不能成功，端視幾個其它因素。例如，對我來說，政府應該把所有的精力與資源都投入最重要的任務，也就是滿足人民食物、教育與健康等基本需求，以及讓國家的經濟起步。所以，很肯定的是，我的國家不會在國防上花不必要的錢，也會盡量與鄰國維持良好的關係。和平與穩定是永續發展的必要條件；坦克與飛彈永遠塡不飽一個餓肚子的小孩。均衡的國家預算也很重要，而打擊貪汚的法律，亦有其地位。

我希望，這些全部匯集起來，能把國家推上發展之路。顯然的，國際夥伴的協助有助於我國事業的成功。我個人認爲，國際經濟合作不僅有效，而且非常必要。因爲雖然今日的全球化提供了遠景，卻也隱藏著無數危機。譬如說，既沒有資源，又缺乏設備參與橫跨數洲經濟體系的貧窮國家，就很可能會被排除在外。如何把貧窮國家整合進入世界經濟體系，不只是這些國家自己的事，整個國際社會也有一份責任。

國家經濟的角色愈來愈重要。您認爲，有朝一日我們會不會成爲某個跨國企業的公民，而非只是一個國家的公民？

隨著時代演進，構成經濟體的基礎也有了很大的變化。你的問題當中就隱含了一個事實：經濟活動在每一個人的日常生活中意義重大。國家如何製造財富，如何滿足人民需求，這問題不論古今都是重大課題。

然而，我看不出來，將來跨國企業會取代政府。我這麼說的最主要理由是，世界上會有這麼些不同的政治實體存在，一定有原因。建立國家的基礎，是地理位置、歷史、傳統、語言與文化。這些是足以讓人群集聚，並維持群體關係的強大力量。雖然說近幾十年來，我們看到一些國家分裂，或是組成新的國家政府，卻有許多國家已存在了數百年，經歷繁榮與災難、和平與戰爭、凝聚與脆弱。而這些國家的人民撐過來了，有的是因爲堅定的決心，有的則是具有適應改變與順應局勢的能力。

企業體怎麼可能會比政府與人民更經得起考驗呢？企業也一樣會經歷繁榮與衰退、分裂與合併、出現與消失。

在這二十一世紀降臨之初，我的國家加拿大，是個強盛又活力十足的國家；我們有信心能在以知識爲主的新經濟中成爲領導者。可是，我們不該高估大企業在加拿大經濟中所扮演的角色。因爲我們的經濟與歐美國家的經濟相同，活力的來源大半要歸功於創造小型企業的人。每一天都有數千個小型企業誕生，而這些人所憑藉的，就是讓夢想成眞及追求創新的熱情。加拿大的大企業也曾經是小公司，而有些企業在創業之初甚至是一個人單打獨鬥的。這種精神，正是推動加拿大經濟蓬勃發展的動力。

爲了讓聯合國能扮演更重大的角色，您是否認爲，給予巴西、印度、日本、德國等大國安全理事會永久會員國資格是必要的？

加拿大熱忱擁護聯合國的工作；自聯合國於一九四五年創立以來，加拿大始終全力支持。不論是在世界和平的維持上，或是保障所有大小國家的安全，聯合國都是舉足輕重的角色。而就國家安全的層面而言，這項維和工作讓加拿大受惠至深。

因此，我們一直積極爲增強聯合國在國際舞台上的地位而努力。比如我們向來就有支持維和任務的傳統。如同我前面提到的，早在五〇年代初期，提出派遣軍隊執行維和任務的人，就是曾任加拿大安全部長與總理的皮爾森先生。自那時起，維和行動就成爲聯合國完成使命的主要工具之一。

聯合國也在其它諸多領域中發揮重要功能，譬如人權的推廣與保障、發展努力的合作、環境保護、人道協助，以及國際法的制定與執行。在這些方面，加拿大對於聯合國的貢獻同樣久遠。我們是聯合國第八大捐贈國。而事實上，聯合國的力量在於其會員國的信守承諾，以及對其活動的參與程度。這個觀念是集體安全系統的基礎，而集體安全系統正是聯合國成立的宗旨，加拿大對此素來堅決支持。

聯合國的全球角色有其特殊的資產。聯合國是一個國際論壇，幾乎全世界所有國家都列席其中，享有相同的發言權。對於小一些的國家來說，這是一項保護，也是繁榮的必備工具；大一些的國家則視此爲國家區域穩定的保障。聯合國也是個絕佳看台，在此可以看到世界走向和影響國際社會的大事。對於影響全球的重大挑戰，這兒是個了解衆家意見、擬定對策的場所。一國一票的原則，讓聯合國的工作輕鬆許多——在這一點上面，聯合國深受民主制度的啓發。聯合國能不能發揮作用，很大程度上要看它在重大議題上能不能取得所有會員國的共識。

聯合國也和所有組織一樣，必須隨著時代而改變，以因應局勢的變化。在幾樁事件上，聯合國展現出了有彈性的調適能力；這可以從它在維持和平的課題上所採取的許多創新解決對策看出一二。二次大戰結束時，爲了防止國際間的衝突，因而有了聯合國的誕生，因此聯合國之下設有監督世界和平與安全的機構。這些組織在某個程度上顯示出當初成立時的世界局勢。聯合國中心組織安理會的成立，基本上就是來自於戰後的需要。關於永久會員國與非永久會員國的區分，以及永久會員國享有否決權的規定，都是在那個國際政治由大國掌控的年代產生的。如何在國際局勢不斷變的今日增強功能，是聯合國現在的挑戰。

新千禧年剛剛到來，聯合國所面臨的挑戰已不同於當初成立之時。威脅和平與安全的衝突，在本質上已經改變。今日的衝突常見於一國內部，受害者往往是該國人民，而婦女與兒童尤其首當其衝。衝突的性質也較以往複雜許多，經常發生於族裔與族裔之間，從而導致大量人口的遷徙。盧安達與波士尼亞的衝突事件，即屬聯合國日後更可能面臨的危機類型。若要增強介入衝突的效度，聯合國必須發展預防性的措施、遇緊急狀況時的快速反應，以及鞏固和平的能力。

而在此，安理會必須負起領導的角色。安理會很有力量，但這些力量必須更有效運用。若要增強聯合國的力量，最重要的是安理會必須更有威信。同樣重要的是，它的任務也應該是對抗新的安全威脅。加拿大認爲，安理會應該屬於聯合國所有會員國，而安理會的行動愈是公開、透明，解釋得愈淸楚，它就能更有效率。安理會的決策過程若能採用新的方法，不但能提高安理會的可信度，也能爲聯合國注入活力。

另一個近幾十年來出現的重要變化，大大影響了聯合國的角色。什麼變化呢？聯合國現在有一百八十五個會員國，這個數目是它成立之初的三倍多。安理會自行決定不把此變化納入其決策過程。但是，安理會若想維持公信力，就應該朝更能代表聯合國會員的方向努力。這與二十世紀政治機制的民主原則是一樣的，而我們希望能在二十一世紀看到這些原則更被強化。但是，擴大安理會的永久會員席次及其所附帶的特權，會帶有一項危險：這會進一步加深永久會員國與非永久會員國之間的不平衡，而我們刻正致力於極力避免產生這種不平衡。因此，加拿大認爲，安理會的擴大應該是在非會員國的部分。我們也相信，有關這個擴大的議題，必須在聯合國內先取得全體的共識。

整體來說，二十一世紀所需要的安理會，反應必須更快，過程必須更透明也更具有代表性。不論是對其會員國或國際社會，安理會應該要更清楚解釋它的行動，也就是對全世界公私領域而言，它必須要爲自己的行爲負責。

身爲安理會的非永久會員，在這二十一世紀開始之際，加拿大將此目標定爲外交政策的重要項目。對我們而言，聯合國仍須繼續扮演它既有的角色，而它的所屬組織也應該要能反映出我們所處的花花世界的多樣多元。

您本身的生涯，對於許多人來說，是一種希望，證明了許多事是可能做到的。對於邁入新千禧年的年輕人，您有什麼建議？

我有很多機會與加拿大或其他地方的年輕人對話，每一次我都注意到，現在的年輕人和我那一代的人比起來，是多麼相似，卻又多麼不同。

相似之處，在於今日的年輕人和五十年前的我們一樣，也有夢想和抱負。年輕人不但要開拓自己的一片天，他們還想改變世界，把世界塑造成自己想望的樣子。他們也想踏遍世界，探索一切最小的和最大的，最美麗的和最引人入勝的，進而想征服世界。對於年輕人來說，沒有登不了的高峰，沒有渡不過的汪洋。連征服太空都似乎都在掌握之中。

而年輕一代又是不同的，光是現在他們居住的世界，就與我成長時的世界非常不一樣。對一個加拿大青年來說，加拿大以外的世界，不再只是我年輕時候的探險家或報導文學書籍的主題，而是每天存在的事實。日本、南非或俄羅斯發生的事情，直接衝擊國內。關於人類的苦難、暴力與屠殺的畫面，每晚出現在家中的電視螢幕上。到倫敦、巴黎或紐約，不再是少數人的特權：今日的人甚至不必離開家中，只要有部電腦和滑鼠就得以遊覽世界。

以這些異同為前提，對於準備面對這隨時在變動中世界挑戰的年輕人，我謹提出三點建議。

首先，請你接受學校教育，能接受多少教育就盡量爭取，不要輕言輟學。身為加拿大的總理，我可以告訴你，全球化的挑戰當前，教育問題茲事體大。加拿大深深明白，若想要在新世紀晉身最繁榮、最有生產力國家之列，就必須要擁有創造力充沛的健康國民，而且最基本的是要達到一定的教育水準。爲達成這個目標，政府當然責無旁貸。但是每一個人都應義不容辭，特別是各位年輕人，更應做好準備。教育是一把鑰匙；有了好教育，不論是否爲專攻，你不但能開啓人生的大門，你還能拆掉這些門，在世間佔領那片該屬於你的地方。

第二，試著從快速的變化當中得到好處，而非逃避變化。全球化不是一項選擇，而是事實。雖然這個現象也同時帶來了混亂與不安，但只要年輕人願意把握機會，它也同時帶來大好良機。

最後，試著去理解你身邊那些與你不同的人。很多人說，我們住在一個「地球村」裡，新的通訊科技讓我們穿越了那一度是阻隔的界線，進而得以溝通交談。我們和一個千里外的人通話，像是和隔壁鄰居或學校好同學交談一樣容易。但是人與人之間仍然存有屏障。我們對於鄰近的人常有錯誤認知，我們因爲他們和我們不同，而不常與他們接觸。我們嘲笑他們；我們馬上指出對方與我們的不同，而不試圖去了解對方，找出雙方的共同點。我呼籲各位接受一個挑戰：請接受別人本來的樣子，知道別人也許是與你不同的，他們的抱負與你不同，他們也需要自己的空間來完成自我、發揮所長。這可以讓社會更自由；讓褊狹退位，由人性尊嚴當家，而由對多元化的尊重，取代刻板印象。

在過去的一千年當中，人類的足跡踏遍了地球上最遙遠的角落。再過一千年，您認爲，人類對宇宙的認識是否能像現在對地球的認識？

如果說過去一千年有一個特徵，那就是人類對於自身和周遭世界的認識。自有人以來，人類即不斷探究好奇心，以求更認識大自然。在二十世紀末尾，我們的成果堪稱輝煌：想想航海術的突飛猛進、歐洲的發現新大陸、關於人體的研究讓我們能更有效對抗疾病、蒸汽引擎的發明推動了工業革命、征服太空——希望由於了解了太空，能爲我們對於地球與人類的起源帶來新的觀看角度。

多麼令人震驚的發現呀：幾百年前的人還相信太陽是繞著地球轉的呢！今日，我們有遙控機器人爲我們探究外太空，並把影像傳回地球。五十年前，我們對遺傳學幾乎一無所知，而今日，複製技術已走出科幻小說，進入生活，我們對它的掌握也日益純熟，且已看到各種應用的可能性。

人類的知識以如此迅速的速度在進展，我們怎能不樂觀迎接未來？又怎能不相信萬物皆可能？我們如何能不想，人類的情況只會變得更好？知識的界線有一天會被推遠到我們想也想不到的遠方，我們如何能抗拒這般美景？

事實上，任何一種希望都可能成眞。現在，回到你的問題。我大可以說，一千年後，我們對宇宙的認識會像我們今日對地球與人種的認識，甚至知道更多。

但若我們以爲，知識的進步就是一種結束，便未免過於專斷。假如我們認爲，人類揭開了環境中的祕密之後，就能無休止往不同空間發展，這種想法也言之過早。我認爲，人類的許多挑戰存在於地球上，這些挑戰所牽涉的資訊與知識不在量，而在質。

就從最簡單的來看，我們對於自己和環境還很需要學習。氣候變化的現象如全球溫室效應、旱災或冰山融化，我們所知有限。海洋仍是個未開發的神祕世界。而從許多角度來說，人類的行爲也還像謎一般難解。

再說，每一天都可能出現人類知識無法破解的難題。譬如癌症與愛滋病，這兩種疾病至今沒有解方。又如城市中的汚染惡化，就算禁止了嚴重汚染原的使用也無法解決問題。許多國家土地的沙漠化範圍更大了，而還看不到解決方法。

最後，知識與技術的創新並不是讓所有人同等受惠。科學知識的進展，無疑大幅提升了人類平均的政治、社會與經濟發展，但是，我們不能說這生活品質的提升幫助了地球上大部分的人口。南北半球的國家之間，還存在著水準鴻溝。雖然這些差距的成因不只一項，然而取得知識的不平等，絕對是其中最大者。貧富國家若能更公平分享訊息，是最能夠保障全體人類都享有好生活的發展要素。

注釋：

①G7工業國高峰會於一九九七年的年會中，邀請俄羅斯加入，成爲八大工業國。

問話 4

通訊戰的好處與威脅

在一場衝突當中，最有效的武器是什麼？
是原子彈還是傳播媒體？

答話人

美國總統 **柯林頓**

1946年8月19日生於阿肯色州希望市。
喬治城大學理學士。牛津大學法學研究。耶魯大學法學博士。
曾經擔任律師，也在大學教過書。
32歲時當選阿肯色州州長，成為美國歷來最年輕的州長。
1992年當選總統，四年後連任成功。
美國史上迄今第二位曾遭彈劾的總統，
但有驚無險，還是保住了總統寶座。
操守問題始終是他政治生涯的陰影，
並且鬧出多樁桃色醜聞。
吹薩克斯風，抵抗不了美式速食的誘惑。

在一場衝突中，最有效的武器是什麼？是原子彈還是傳播媒體？這種「通訊戰爭」會帶來什麼好處或威脅？

通訊科技爲我們塑造我們的世界觀，這種驚人的力道不容低估。通訊科技如傳眞機、行動電機，特別是電腦，改變了我們做生意的模式，以及下至個人或團體，上至國家的所有層次的人際交往方式。有兩個例子很可以鮮明顯示這種改變：三十年前，歐洲和美國往來的電話線，一次只能打八十通電話，今天則高達一百萬通電話，而今每天並且有十四億封電子郵件傳遞全球。

我相信，通訊科技的進展可以大幅帶動政治進步和經濟繁榮，其影響深遠而廣泛。數十億人口可以因此提升爲中產階級。又由於科技能拉近彼此的距離，這就能使民主、人權和法治更見普及——因爲每一個人都已經懂得：進步就算尙未全面成眞，也是遲早會來到的。

在前陣子的科索沃戰爭中，充分展現了資訊革命的威力，不僅見於軍事科技，也見於對衝突進展的掌握。透過媒體報導和科索沃居民的通報，我們即刻得知塞爾維亞裔的種族肅淸大屠殺，而一獲悉此訊息，北約組織即一稟正義，立刻採取行動，全世界也同時得知我們的動向。我們每一天知道新的狀況，甚至每一個小時都能得知事情的進展。飛行員還沒有返回基地，我們展開空襲的鏡頭就已傳遍世界。

相較之下，想掌握塞爾維亞向科索沃所施的暴行就比較困難。然而，第二次世界大戰的情況更糟，納粹的殘酷暴行是在遮掩許久以後才被拆穿，而且還是片段零碎的認識。一直等到盟國全面勝利了，才揭開邪惡的眞面目。而在科索沃，暴行發生了幾個小時，就有受害者在全世界的電視螢幕前揭露戰爭罪行。在這樣的情況下，我們最多只能選擇不採取行動，而不可能裝作不知情。

在資訊時代當然也可能發生濫用媒體與蒙蔽事實的情況。南斯拉夫前總統米洛塞維奇操縱著由政府控制的媒體，散播仇恨和煽動種族暴動，並且不讓塞爾維亞人得知以他們名義進行的殘暴行徑，因此避免不了種族肅淸暴行的發生。所以，我們在那時候支持勇敢的南斯拉夫獨立新聞從業員，向世人做客觀報導。儘管南斯拉夫政府嚴格審查新聞，但包括網際網路在內的資訊科技，讓獨立媒體有管道獲取新聞。

通訊革命方興未艾，我們當前的任務，乃是確保討論的內容品質和產生訊息的科技水準一樣高。

食用水日漸稀少，變得昂貴，又遭到污染。可有任何措施能讓全球人口都能公平享用這個珍貴的自然資源？

乾淨的水源，是地球最珍貴的自然資源。我們的地球得天獨厚，擁有湖泊、溪流、井水、海洋，地球上所有生物都仰賴水才得以生存。

全球人口不斷膨脹，對於乾淨水源的需求也隨之增加。因此美國協助世界各國保護海洋、清理被污染的水道，並且推廣水池式的自來水供應管理。河流和海洋流過各國的邊界，因此各國有必要攜手合作，維護水源的乾淨，並且開發更多飲用水的資源。

在美國，我們的污水處理工作有顯著的進展。三十年前，有些城市的河流嚴重污染，甚至可能引起火災。流經美國首府華盛頓的波多馬克河以前嚴重污染，我的母校喬治城大學的划船隊員，甚至要注射了霍亂預防針以後才敢在河上划船。二十幾年前，我們開始推展河流重生運動，主要從工廠和污水處理廠著手。

如今我們最大的挑戰在於如何減低農場、城市街區等方面的污染。我們矢志要整治所有水源，讓民眾可以放心釣魚和游泳。

在自來水的生飲方面，我們也大有進展，務求讓飲用水的安全無慮，讓家家戶戶水龍頭一打開就能喝到乾淨的水。我們也協助數以千計的社區改善他們的水處理工廠，並立法規定工業區必須對外說明他們所排放的化學廢料爲何，而自來水工廠必須定期提出飲用水的水質報告。

全世界的孩子們，都應該能在水可以安全飲用，湖泊適合游泳，而河中有魚兒成群的環境中長大。我們現在就必須採取行動解決新的汚染問題，才能讓下一代在二十一世擁有乾淨的水源。

假設明天我們就會與外星人接觸，你認爲他們是民主體制嗎？

在回答問題之前，我要先說明：我認爲有些基本權益應是放諸四海皆準的原則，就像美國獨立時期的英雄傑佛遜在一百七十多年前說的：「人人雙眼大睜，注視人權。」身爲總統，我在世界各地訪問時，發現一個普遍的現象：各地人民都渴望得到尊重，渴望自由表達意見，自由選擇他們自己的國家領袖，隨自己高興選擇和誰交朋友，選擇在自己高興的時間地點和方式來禱告，這些，當然就是民主和文明社會的基石。

歷史告訴我們，隨著社會的進步，採行民主制度的政府愈來愈多。在二十世紀末，科技把自由的理念傳遍世界，東歐、東亞、拉丁美洲和非洲許多國家，或者轉型成爲民主國家，或恢復民主制度。現在，全球超過一半的人享有自由，有權用民主方式選擇自己的領袖。

如果宇宙的其他角落還有文明，我們不知道那會是什麼面貌。經驗告訴我們，科技愈發達的社會，就愈傾向民主制度。我也相信，自由、正義和公平的民主原則，是與人類進步息息相關的。在資訊時代，那些仍然剝奪人民自由思考的權利、不容許提出疑問和主見的國家，比起全面開放的社會，一定會處於劣勢，喪失競爭力。邁入新紀元，國家的眞正財富不在於領土擴張、資源豐富或軍隊龐大，而是能不能自由運用人力資源；有民主，才有自由。

同時，光在口頭上喊著民主是不夠的，民主需要悍衛與落實，我們要讓所有老百姓都享受到民主。換句話說，如果我們要維持民主制度於不墜，一定要讓所有人都享受到民主。凡能遵守這個原則的人都會得到回饋。在眞正文明的社會裡，人民除了擁有選舉權，也都有權發表意見，而政府的政策透明化，確實爲民服務，社會全體共享全球化的利益，也承擔全球化所帶來的責任。如此，人民才會對國家有歸屬感，願意負起打造國家未來的責任。這是二十一世紀民主國家的最大挑戰。

神父說，禱告能拉近全世界的距離。對於這個說法您有什麼感想？

踏入新千禧年，我們深深感受到世界在二十世紀裡的變遷是多麼大。全球環境不斷演變，政治局勢風雲詭譎，而科技推陳出新，經濟突飛猛進。但在另一方面，新的威脅已形成，舊的威脅卻還沒消除，例如恐怖份子、致命武器、環境問題、貧窮、飢餓、暴力衝突等等。

在調適自己面對新挑戰之際，倒有一樣不變的東西可以依靠，它超越時間、空間、種族、語言。那就是「信仰」。

宗教和宗教機構，帶來信仰、紀律、歸屬感和責任心。信仰是力量的泉源，爲希望帶來保證，爲未知添上信念。宗教是超越時間的普遍基礎，激起我們最深的熱情，塑造我們的價值觀，指出生活的方式。

然而可悲的很，憤世嫉俗的宗教領袖，誇大了宗教與宗教之間的差異，並加以扭曲，竟使得宗教在許多角落造成衝突，至今未歇。然而我還是相信，像基督教、猶太教、回教等這一類的眞信仰，能夠解決這種衝突，對於像種族肅淸這類的惡勢力給予痛擊，撒下永恆的和平種子。

城市的暴力犯罪不斷攀升，形同另一種形式的內戰。可否列舉任何具體的步驟來扭轉這樣的局勢？

黑手黨、國際恐怖份子、持械的民兵、年輕的黑社會份子、認同失調的學生，甚至是濫用暴力的配偶——這種種形式的暴力犯罪，破壞了文明生活。我認爲，人類全體社會有責任聯手打擊犯罪，例如要合作取締小型致命武器的國際走私。我們的國務卿歐布萊特說過：「氾濫的大規模非法軍火貿易，爲無法無天的民兵、犯罪集團及暴徒提供了無限庫存的軍火。」

在美國公民、執法者和警察的通力合作下，美國國內的暴力犯罪數字創下二十五年以來的新低紀錄，顯示我們確實有能力與暴力抗衡。我和副總統高爾所推動的反犯罪策略，協助各社區面對當地惡行，並加強防範、加重懲罰，還增加數千名社區警力進駐社區。

現在，我們無論如何必須重新修訂槍械法，恢復原有的健全制度。守法的成年人可以擁有及使用槍枝。的確，我們有狩獵的文化，我自己在成長過程中也曾經參與狩獵，確實有其樂趣。但絕對不應該濫用槍枝，不該在校園或其他公共場所公然掃射。我們的槍械法顯然已嚴重失衡。

我認爲，我們必須立法制定購買手槍的法定等候期間，並且永遠禁止有暴力傾向的青少年購買槍枝，而最終，務必杜絕各種法律漏洞，讓民衆沒有機會在不出示任何身分證明的情況下就能買到槍枝。

我們絕對要加強有關攻擊性武器的禁售法令，不容許槍械商人走法律漏洞，販售軍火雜誌，介紹有關殺傷力強大的外國武器，這樣才不會使足以瞬間致命的槍械流入國內。我們應該提高購買槍枝的合法年齡，由十八歲提高到二十一歲。萬一成人一時疏忽，讓孩子拿到武器，成人要負起刑事責任；而且我們要規定，所有的新武器都必須連同兒童安全裝置一起出售。同時我們應嚴加取締槍械的非法買賣，包括警方所扣押的槍枝都必須追查來源，槍械商同時要提供新槍和二手槍的購買人資料，走私大批軍火者的刑罰也要大幅加重。

簡而言之，我們群策群力，化全國民衆對於亂槍掃射事件的震驚爲力量，訴諸具體而實際的理性行動。

您日理萬機，繁文縟節使您沒有更多時間投入更重要的任務。有鑑於此，您會不會考慮複製一個同樣的自己？您認為，可不可以或應不應當限制複製人類基因的研究？

不，我絕對不會複製我自己。而我認為，是的，我們有必要運用權力來阻止科技踰越人類的倫常。

科技的新發展，勢必要面對倫理的問題。這是新世紀裡最大的挑戰。科技是全球發展的主要推動力，二十世紀的科技進展，從資訊科技到生物醫學，大幅改善了生活品質。科技進展的神速固然可喜可賀，所帶來的衝擊卻也不容忽視。

科學的發展不能無視於道德倫理。複製人不僅是科技的研究項目，也是道德和靈性層次的問題。我竭力讓整個社會關心基因複製技術造成的影響，要人們對於它所帶來的衝擊，心生警惕。我們的政府已明令通告，在這還在評估複製技術的風險及其責任的期間，禁止動用聯邦基金來進行複製人的研發計畫，同時呼籲國會下令在五年內禁止進行複製人計畫，然而在道德和醫學允許的範圍內保留複製技術的應用。

一九九八年，我們發現有一名科學家打算製作複製人，我對他提出嚴厲的譴責。迄今，科學界與醫學界仍一致認為，使用基因複製技術來複製人，是一件未經測試、不安全又違反道德的事。

我個人認爲，最高的眞理存在於科學範疇之外。最近我們對於成功複製動物的成就大表興奮，然而，請大家不要樂過頭，竟爾忽略了我們最重視的人性和信仰。我相信每一個人都是獨一無二的生命，來自於實驗室之外的奇蹟。生命是饒富深意的恩賜，我們應該尊敬；我們也要抗拒誘惑，不要複製自己。

南半球國家何時能加入工業國高峰會？

工業國高峰會是全球幾個先進工業民主國家所組成的非正式組織，與會國家的領袖廣泛商討政治和經濟議題。目前我們還沒有計畫開放給其他國家參加，但未來有可能讓其他國家加入，只要該國具有穩定的民主體制，以及在全球經濟扮演舉足輕重的經濟體系。

也許，有件事比開放工業國高峰會更爲迫急：設立和加強其他論壇，以因應全球經濟挑戰。一九九八年四月，我們主辦了二十二工業國的高峰會，與會國除了八大工業國之外，還包括新興經濟體如阿根廷、澳大利亞、巴西、中國、香港、印度、印尼、南韓、馬來西亞、墨西哥、波蘭、新加坡、南非和泰國等。

我和其他國家領袖從九八年致力於重整全球經濟，尋求使其更有彈性，以茲保護社會弱勢。我從一開始就強調，二十二工業國及所有工業與開發中國家，都有必要參與這項工作。一九九九年三月和四月，三十三個國家銀行或中央級銀行的代表，共同主導一項研討會，集思廣益，研議如何面對這些挑戰。

一九九九年，在科隆召開的八大工業國高峰會，通過了兩項重大決議：第一，讓新成立的「金融穩定論壇」增加四個新的會員國：香港、新加坡、澳大利亞和荷蘭，以加強全球金融市場的機能爲宗旨，確保在金融危機時全球經濟體不會瓦解；第二，八大工業國的財經首長將成立非正式機制，進行對話。

您對於新千禧年有何展望？

一百年以前，美國站在門檻上，正要跨入二十世紀。彼時，再有遠見的先知也無從想像，美國在整個二十世紀能交出一張怎樣的成績單。不過，寫科幻小說的人倒是猜對了，後來人類的確能搭乘火箭飛上天——但那時誰料得到，到了一九九九年，女性也上得了太空呢。彼時，很多人期待將來不再有童工，並且把那種剝削勞工的工廠全給關掉——但那時誰又料得到，出身於勞工家庭或是有色人種的學子，也能享有平等機會進大學。科技的進展容易推知，人類精神層面的成長卻難以預料。

人類在各方面的進展一波接一波，因此，揣想我們在新千禧年裡會有什麼成就，是很美妙的事。我想，未來的地球居民一定會慶賀眞正奇蹟般的科技進步；他們會有各式各樣的新發明，有的可以延長壽命，有的能擴展心靈向度，有的能帶我們飛出地球系的太陽。我相信，未來的地球人不會再聞癌色變。

但更重要的是，我相信，在未來，不只是設備精良的實驗室能取得研究進展，一般有求知慾又有實驗勇氣的百姓，就可以創造奇蹟。我向上天祈求，未來的人有機會禮讚那終於能在書本中甚至國族態度上把歧視字眼與心態淸除盡淨的人。我向上天祈求，未來的人有機會頌揚那終於能使住者有其屋，老者有所養，疾病者皆有所靠的人物。

未來的路上會出現陷阱與危機。但我們美國人總認爲，只要有一個自由的社會，讓民衆接受良好教育，以科技爲工具，以開放的市場爲動力，世界就會變更好——現在，我們對此必須更深信不疑。美國的科學之父富蘭克林曾如此寫下：「人類知識的進展快速，而基於今日認知所得的新發現也日新月異。我深自遺憾，生得太早，無緣親識未來可能獲得的新知。」

電影、書本和電視中所揣想的未來，曾經使我瞠目結舌；未來常被描繪成森冷恐怖的世界，科學如脫韁野馬，遠非人類所能控制，而政府無力，人群畏縮，生命「猥瑣、殘暴又短暫」。

會不會變成這樣？我們如果想要有一個不一樣的未來，你們新生代就要努力，我們這一代當中這些個以追求自由與知識爲職志的人也要加油。我們要設想一個可能出現的未來，一個可以「發明」出來的未來。你們，可以創造出這樣的未來。

問話 5

新鮮空氣何處尋

將來是不是得要戴上防毒面罩，才能在城市裡健康活下去？

答話人

義大利總理　**達勒瑪**

1949年4月20日生於羅馬。

進入比薩大學研讀哲學，後來並沒有完成大學學業。

十九歲加入義大利共產黨。

曾經是專業記者，擔任過義大利報紙工會的理事。

1987年進入國會。所屬的共產黨面臨轉型危機。

兩年後，義大利共產黨改名為左派民主黨(PDS)。

1994年成為左派民主黨黨魁後，開始調整政治路線。

1997年成為內閣總理。

和全義大利的男人一樣，愛看足球賽。

表情嚴肅，記者形容他是「鐵手套底下有一隻鐵手腕」。

第一個千禧年裡，日耳曼人入侵歐洲；第二個千禧年留下了兩次世界大戰的痕跡。等我們征服了太空，銀河系戰爭會不會成爲第三個千禧年的註脚？

人類每一段時期的歷史，都可以用某個特殊的戰役來聯結或標示，這是人類的悲劇。當然，每一個世紀或更短一點的時期，也都被歷史學家用類似的手法下定義，譬如宗教戰爭、王位繼承戰爭、新國家戰爭、殖民戰爭、意識形態戰爭等。這些是悲慘的史事，但大家該把這些史實牢記在心，免得我們忘了新世代該爲什麼而努力。整個人類社會應該要長期努力，試圖在不同的族群之間或是一個族群之內建立和平關係。即使我們知道這項任務有其困難，也不該絕望；因爲在這個全人類共同寫下的血腥、暴力的歷史之中，仍然存在著足以激勵人心的跡象。

科技的演進和社會的改變是人類的兩大希望，因爲這兩方面的進展可以改善個人生活與人類整體的生活。當然，科技（及其背後的科學知識）和社會革新（及其背後所隱含的政治理想）可能會造成悲劇性的結果。換句話說，「進步」並沒有一帖萬靈的解藥。「進步」這字眼一直很具爭議性，但我仍然認爲應該使用它。正是「進步」這個概念，引領我進入你這個問題的核心：難道人類從日耳曼人入侵一路來到二十世紀的世界大戰，只爲了日後經歷另一種更具毀滅性的「星際大戰」嗎？假如是這樣，我們不就根本沒有進步嗎？難道地球上有這麼多的衝突還不夠嗎？

我有非常不一樣的看法。現在，我們在不同領域中見到的趨勢，其實更可能製造出非常舊式的戰爭，而且出現的頻率也許比過去更高。這些傳統的衝突，有其在地的起因，規模也有限，然而其血腥和造成災難的程度不亞於世界大戰——無端陷入戰爭的無辜百姓對此感受尤其深刻。然而就目前來看，我們好像不至於再造成以前那種毀滅性十足、蜂火可延燒半個地球的世界大戰；像這樣的戰爭，若有致命的武器相助，就技術層面而言，是絕對可使全人類就此絕跡的。

但是，若干造成衝突和暴力的基本原因，我們還沒有克服或解決；特別是今日見到激烈的種族問題、大規模的不平等和不公義等問題重現，而還是有許多人寧願推託搪塞或訴諸武力，也不願透過妥協和合作來解決問題。

我認爲，一個在政治、社會和科技都比較先進的社會，譬如說一種全球的「市場民主」（market democracies），對於戰爭已有一套看法：絕大多數的民衆認爲，戰爭是一種不理性、不道德的解決人群紛爭的手段。而對於動用武力的一方來說，就經濟層面來看，戰爭的效益實在太低，實在沒啥好處。套句十九世紀普魯士將軍克勞斯維茲（Karl Von

Clausewitz）的話——他有關戰略的談話常被後人引用——在各政體眼中，戰爭不再被視爲政治的合理延續。

現在我要告訴你，爲什麼我認爲高科技的「銀河系大戰」不可能發生：因爲，一個科技已臻先進的社會，已進步到不再認爲大規模戰爭是一種達成政治或經濟目的的合理手段。不過，先進社會並不是完全不考慮以戰爭爲手段的，但那是在其他所有可能影響、施壓與強迫的手法都無效，或是就道德考量而言已無其他替代方案了，不得已才考慮戰爭。

當然，民主社會並非完美無缺，統治者並非個個聖人，他們經常犯錯或達不到自己所主張的道德標準。然而，民主制度並不支持敵對雙方宣戰；新形態的衝突和競爭（經濟上與科技上的衝突競爭）成爲今日的主流，你也可以說這些競爭取代了軍事衝突。

話雖如此，戰爭和暴力衝突仍然存在，卻是事實。就在最近十年裡，我們目睹了新一波的種族仇恨、內戰和形式極端的民族主義。這些弊端，我們歐洲人知之甚詳，因爲我們處在這些問題裡面幾百年了，一直到二十世紀前半葉；這些可不是什麼遙遠的時代秘辛，儘管我們經常這麼以爲。事實上，殘忍至極的地方性戰爭，就清清楚楚存在於我們的歷史中。

此外，現在有另一種截然不同的（有組織）動武方式，其中牽涉到多國出於合作之名所進行的國際干預，並且有國際社會作爲奥援。這類的情況被歸爲「危機處理」，理由不一，從「促進和平」，到針對公然挑戰國際法規的舉動做出國際性的回應。會採取這樣的行動，乃是結合了國家領導人的判斷與民意之後所做的審愼決定，因爲在某些狀況下（最明顯的例子是波士尼亞和科索沃），儘管我們自認師出有名，事實上，我們是在用經濟、科技和軍事的優勢，硬要別國接受我們的做法。

從這一點出發，我提出兩條通往一個更寬廣的和平體系的道路。第一，像聯合國這種全球性的組織仍有其潛在意義。如果我們希望全球性組織所扮演的角色更吃重一些，就必須克服聯合國本身的限制和弱點。同時，我們必須轉換觀點，更加注重防範於未然；因爲就人民可能承受的苦難來看，一旦衝突爆發，則一切都太遲了。較富裕和經濟上較先進的國家擁有較多籌碼，可以在戰爭、和平、正義和人民福祉等方面造成差異，因此，這些國家便特別有責任來恰當運用自己的籌碼與資源，尋求預防戰爭，並且支持弱小國家用可以促進和平而非引起戰爭的方式，發展出屬於他們自己的社會和政治機制。

第二條通往大同世界的道路——套一般人的說法，要由下往上進行。我們當然還是要持續推動一套國際性的秩序和法規，要求世上所有國家認同並遵循，不過，在國與國之間進行的區域性整合，確實大大有助於促進和平和提高生活水準。幾個擁有共同歷史和地理背景的國家，可以因彼此間經濟上的漸進整合，以及人民、物資和想法的交換而大大獲利。箇中最好的例子就是歐盟。歐盟這個區域性組織，已發展成一個非常複雜精細的系統，涉及各國的協議、規範和成員國之間的承諾。經由這樣的漸進整合，歐洲內部那些曾在歷史上再三復發的衝突，從此無法想像還會再發生。也因此，歐洲在形成一個政治共同體之前，就先成爲一個安全共同體了。

總之，對於採行民主政治而且進一步接納國際合作的社會來說，打一場太空戰爭就跟打一場地球上的戰爭一樣難以想像，也浪費資源。日新月異的科技已經用在日常生活上了，當然也免不了會被運用到軍事領域。然而，眼前的潮流是民間在生產新科技，而這是很正面的事，因爲如此一來，新發現和創新便可以優先嘉惠一般民衆及平民社會。

對於未來的和平與戰爭這個議題，我想再補充一個觀點。如果我們仔細檢視那些最受歡迎的科幻電影或科幻小說，例如《星際大戰》，你會發現一個特點：這些出於想像的未來，深受科學的影響，但當中見不到政治——所謂的政治，是一個不斷妥協與折衝的過程，持續追求能做出爲最多數人謀福利的決策，或至少這些決策能爲全體成員所接受。電影螢幕上，絕對的正義與絕對的邪惡對立，這種觀點把事情簡化了，是傳統的看待人際關係的方法，常可在以往的史詩作品和今日的科幻電影中看到。然而，這個觀點多少是有偏差的；當我們用這種觀點把現代社會投射到未來的時候，彷彿不留一絲空間給人類共存時所必然出現的特徵——大凡人與人互動時，總會出現各種觀點、目標，以及經過妥協之後的利益考量；而這就是政治。

兩千五百年前的希臘哲學家亞里斯多德曾說，人是政治性的動物；現在我們談和平與戰爭這兩個關於生存與認同的基本問題時，我仍然認爲，除了政治之外別無其它對策，儘管政治看起來常常像是一連串諷刺意味十足的舉動，或只是在操弄權力。

未來的世界公民們必須自己發現這層事實，讓自己有能力參與把政治力量導向正途的工作——人與人能不能和平共存，就要靠人民共同努力了。當社會變成由政治性的協商來主導時，就不會容許用暴力來解決爭議，而會要求採用文明的方法。因此，在這個後現代的時代，社會益形複雜，但是對政治這門古老課題的認識，依舊對於和平議題大有作用。

我要提供大家一個對未來稍微樂觀的看法：短期內，我們人類全體無法享有光明的未來，此誠屬不幸，但未來仍然閃現著希望之光。

爲了能在大城市裡好好呼吸，不久的將來，我們勢必得戴上防毒面罩。要避免走向此途，讓我們健健康康活下去，您有什麼解決之道嗎？

歐洲許多城市的汽車數量逐日增加，民衆對於污染、市區塞車，以及愈來愈難以忍受的噪音也深深詬病。義大利近來的民調顯示，百分之九十三的民衆認爲，交通是造成污染的罪魁禍首，同時，百分之八十八的人贊成市中心嚴禁開車。

都市運輸除了在環境上造成地方性的問題，也會產生全球效應。在義大利，造成氣候改變的最重要因素，是二氧化碳的排放量；這種二氧化碳排放量在一九九〇至九五年間增加了百分之十八，期間，我國依照「京都協議」，把溫室效應造成的毒氣排放量降低六點五個百分點，直到二〇一〇年。

事實上，過去十年來的空氣品質已略有改善；然而某些致癌物質，例如苯，在空氣中仍大量存在。

一九九九年，義大利環境部長通過兩項方案。第一個措施：歡迎提供並贊助任何新的解決運輸之道。舉例來說，市政府及公共服務機構可利用六千萬歐元的資助，逕行研發電動車及燃煤車，來取代汽車。第二個方案：苯含量高的城市，務必立刻減少使用造成最嚴重污染的汽車及機車。

大部分城市對此反應頗佳。未來，我們會看到一些行動會發展出來，都市空間也會妥善運用，更多空間會當成行人徒步區、單車專用道，更多空間會留給那些較不會排放廢氣的車子行駛。

法律很重要，爲了達到立竿見影的效果，必須強制人民守法。倘若我們想恢復城市之美，想保持健康，就得改變文化，讓市民考慮換別的運輸方式。簡單說就是，市區內有三分之一的行程可騎單車在半小時到十分鐘內到達，這對個人健康甚有助益。

也因此，法國及義大利在一九九九年九月二十二日，共同發起一項「市區內一日不開車」運動。兩國內超過一百五十個城市、兩千兩百萬人共襄盛舉，參與了這次把城市保留給行人、單車騎士、碳氫燃料車、大衆運輸專用的無汽車行駛區域的活動。

駕駛無污染的汽車（例如電動車），對汽車製造業而言，不啻是場革命。單車專用道日益增加，行人徒步區則更形擴大。市區內少了塞車及污染，居民將重新發現城市之美。

這些，都是夢想，然而不少跡象顯示，夢想可能可以實現。

我在思考有關環境污染的問題時，多少是因爲想到了歐洲的歷史。急遽的都市化，造成了二十世紀相當重要的經濟及社會現象：二十世紀初，不到兩億的人口住在城市中；而今，有近三十億人口住在城市裡，幾乎占全球總人口的一半。從這點來看，歐洲堪稱全世界最都市化的地區，超過八成的人口住在城市。幸好，歐洲城市遭遇的問題，沒有其他大陸的城市那麼困難，都市化過程進行得比其他地區來得有秩序。這或許是因爲歐洲城市是從古代的有組織的都市核心開始發展。事實上，歐洲花了幾百年的時間，才認識城市及都市化這門科學。

義大利的情形尤其如此。義大利至今保存了幾十個自中世紀就留存下來的小型或中型城市，這些城市被許多國外專家認爲是適合居住的「理想地」，過去幾十年來發展得很好，且聞名於世。然而它們都是從古老的核心區域發展開來的，而核心區域不僅完整保存了下來，也全力發展新的都市組織。這個市中心的「防禦工事」與歷史文化息息相關，值得我們在捍衛都市環境的日常戰鬥中重新發掘。

歐洲很會發明城市。希臘的城邦，義大利的公社，德國的鄉村城鎮，再到帝國式的大都會（古羅馬、倫敦、巴黎、維也納），各種形式的都市組織都起源於歐洲，也在歐洲同化。因此我認爲，歐洲有此傳統與文化，其至我敢說有此職志（和需要），發明出未來的「耐久之城」。

自網際網路誕生以來，關於虛擬社群的討論相當多。您認爲，該如何運用新科技來促進民主？

新科技在很多方面都可以促進民主。在回答你有關「電子場域的民主」的問題之前，我先說明一點：我完全明白，新的資訊科技爲生活帶來劇烈的變化，但我並不相信，所謂的新科技必然會讓生活變得更好。想要讓生活變得更美好，我們自己必須努力。一個有遠見的政府必須把想法付諸實現，好讓這些改變確能嘉惠其人民。

這正是我們在做的事。義大利的全體政府官員，刻正運用資源以有效執行政策，幫助全民使用新資訊科技。我們總理辦公室籌組了一個「資訊社會論壇」(http://www.palazzochiigi.it/fsi)，以統籌所有相關政策。我們投注了相當的資源，並盡量把這些資源以有效且經協調的方式來加以運用，以此樹立模範。

我認爲，我們應把電子場域的民主當成首要之務。此所以當初我們在決定如何協調所有政策以資進入資訊時代時，我們就說，這個「資訊社會論壇」不能只是一個組織機構，也要是個民主的榜樣。

在過去一年裡，「資訊社會論壇」藉由網際網路建立起一個持續性的對話，有數千位民衆參與，對這個論壇表示興趣。我們每兩個月就會寄一份電子通訊給所有訂閱的民衆。此外，我們透過這個論壇籌備了第一屆的國家研討會，共收到一百六十份以上的投稿，並有超過七百位民衆申請使用網際網路。「資訊社會論壇」這項行動，是經過一種法國哲學家勒維（Pierre Levy）所說的，運用「集體智慧」的結果。

同時，我篤信一種「全球本土化」（glocalism）的觀念。這個觀念主張，新的科技必須重視世界各地的實存事實，而非追求全球化當中的同質現象。社群的眞正價値在於文化上的多樣性，這是全球化現象所無法抵消的。

我也相信，新的資訊科技是可以爲民主效力的基本工具，欲達此目的，我們不能光喊口號，而必須下功夫，每天每天，不斷測試新科技能爲民主作出什麼貢獻。政府有其應盡的義務，必須採行有效的行動，也需要針對發展中國家抱持一套堅定的政策。

「聯合國發展計劃」在一九九九年提出的「人類發展報告」（Human Development Report）中強調：「就市場而言，它只會讓那些負擔得起的人變成世界公民……地理上的藩籬或許不會再成爲溝通時的障礙，但另一種新的藩籬已然浮現。這種肉眼看不見的藩籬，一如它的原名，像是一面有一整個世界那麼寬的網（world wide web），擁抱所有連上線的人，卻也在同時，悄悄地，無聲無息地，把其他沒有連上線的人排除在外。」

你問我，願不願意擔任第一位虛擬的國家元首。

如果我只用表面的層次來看你的問題，我必須回答，一個國家的元首應該不可能是虛擬的，至少在義大利不可能。義大利人民完全不是「虛擬」的。我們相信自己是眞實的，我們祖先留下的遺產和傳統是眞實的，而我們日常生活中可謂具體的現實，譬如煩惱和希望，也眞實無比。這些東西，怎能稱爲「虛擬」。這應該不是我們義大利人獨有的狀況，而也因此，我相信，身爲一國元首者，行爲規範第一條也許應該是：絕對不能忘記，元首有義務要和人民直接接觸；絕對不能忘記，人是需要與別人往來的。

儘管如此，我還是試著回答你的問題。如果說，「虛擬」一詞，指的是一種執行具體事物的方式，那麼的確可能會有虛擬國家出現。如果用這個方式來詮釋你的問題，那麼我必須承認，在過去這幾年之間，我們花了不少工夫來開發「虛擬義大利」，試圖建立一套不一樣的治國方式。藉新科技之助，不同層級的政府單位之間能夠互動並彼此協調，公民在與當局互動時可以更有力量——關於這一點，可以利用網路科技進行公開的對話與論述。我們希望義大利在這一波組織革命當中打頭陣：過去幾年來，我們要公共行政工作做好準備，面對革命性的轉變。這是一種文化上的革命。傳統上，科層體系藉由控制資訊來取得權利；現在，行政機構若欲有效行事，則必須透過散播資訊來爲大衆謀福祉，或達成創新的工作方式。因為，今日資訊已變成一個有價值的資源，並可創造出新的財富。所以我們把新科技放在第一位，而且在數位認證與簽名的問題、隱私權等議題上，我們是率先動員各方資源來處理的國家，而我相信我們有能力找到非常進步的解決方案。

這些做事情的新方式，算不算「虛擬」？我們用來處理新式行政方法的政策，是「虛擬政策」嗎？假如我們用新科技提升了效率，提高了政府與人民之間的互動程度，這樣的義大利，是個「虛擬」的國家嗎？

如果你容許我用這種方式來進一步闡釋你的問題，那麼，我可以開開心心回答你：是的，我願意成為義大利第一位虛擬元首。而我同樣很樂意，由我自己或別人來擔任「虛擬義大利」的元首。假如事情成真，表示我們現在所做的努力很多都宣告成功，真正的義大利在各個層面上變得更好——而依然真實……

隨著全球化的腳步繼續前進，會不會有一天，全人類都信奉同一個神祇？

不可否認的，文化生活有許多層面上漸趨全球化，這現象與宗教的未來是有關聯的。

不過，你這個問題的答案很簡單：不會的，全人類不會信仰同一個神祇。因爲，不管是現代化或是今日被稱爲「全球化」的現象，都不必然牽涉到相異信仰的同質化問題。

首先，這波看似擋不住的全球化現象，能不能如預期（或者擔心）般的光輝燦爛，還有待觀察。不管這一個以開放市場爲主的過程多麼強大或多麼無所不包，世界各地的文化、歷史和文明遺產都不會輕易被抹滅；相反的，我們比較可能會看到相反的狀況發生，儘管是以間接的方式發生。全球性的世俗化、信仰喪失、逸樂取向的消費文化等趨勢，激起了激烈的反彈，也激起了各地對於自己文化根源和特性的保衛之情。

簡言之，全球化的危機並不在於最後會導致人類全體信奉同一個神祇，而在於我們恐怕會再見到一波爲了保衛各個宗教的獨特性所爆發的狂熱行爲，因爲對於宗教狂熱份子而言，宗教是最重要的文化認同的源頭。

借用經濟學家班哲民・巴伯（Benjamin Barber，①）的比喻作爲結論：我們可以把回教聖戰和麥當勞視爲兩種對立的當代現象，但兩者事實上都是我們這個全球化年代的特徵。

從這兩個「極端」往前推，我們不該忽視一件事：世界上各民族的文化核心裡，都有著強有力的創新和自我保存的方式。（還有什麼概念比「神聖」更深植於各民族的文化和歷史中？）因此，在全球化現象的影響之下，各個文化之間一定會有所互動，追求轉型，進而演化與調適，而總是能以獨特的方式來吸收「新」現象。

現在我們可以問：宗教與宗教之間的分野，必然會成爲衝突的起源嗎？我們看到，近期的戰爭和散佈全球的危機衝突點，都和種族差異或宗教分野有關。這些宗教或種族間的緊張關係，顯然被政客利用了——這才是導致它們成爲衝突根源的基本原因。

然而，就像我不相信這世界會朝單一神祇的方向演進，我也不相信種族或宗教的歧異會像政治學者杭廷頓（Samuel Huntinton）所說的，將會帶領我們走向「文明的衝突」。我這樣說，好像是心存觀望，但我眞的相信，世界依然會充滿矛盾。

新千禧年的眞正挑戰，在於能否在多元與複雜當中，找出某種足以成爲共存之基礎的規範和民主機制。我相信，在本質上，文化、宗教和文明的多元，仍然是一種珍貴的寶藏，絕不容輕忽。但是我們仍須注意，這些多樣性之間，由於差異所造成的緊張關係是否能經由民主機制妥善處理。同時，我們也應該促進和保衛若干普遍的核心價値觀。

我想起《反基督的短篇故事》（*A Short Story of the Anti-Christ*）這本小說，作者是一位二十世紀的俄羅斯神學家，索羅維耶夫（Vladimir Soloviev，②）。他在書中描寫，有一個「完美」的人，獲得了政治和宗教的權力，這個人賦予自己使命，要終結基督徒之間長久以來的紛爭，達成世界和平。他在耶路撒冷召集了天主教、新教和東正教等各基督教教派的領袖。把這些人聚集一堂之後，這些宗教領袖們卻聯手把此人罷黜了，因爲他們發現原來這個人事實上是反基督的。這個故事的內在涵義是：多樣性或歧異提供了必要的緊張關係，我們在這種緊張關係中才找得到安全感。有了這些爭吵與不同面貌的各種文化，才得以達成平衡。

然而，這必須要每個宗教最後都能體認到：所有的宗教，都存有「人可以昇華」的概念，也都願意提供這種可能性。也就是說，地球上的大多數人都信仰著某一位神祇、信仰著來生和得道升天的可能；不管是基督徒、佛教徒、回教徒或是信奉儒家的信衆，當全人類中有這麼多的人都擁有這樣一種深植於心的信仰時，它就可算是人性的共同依靠。

換個方式來說。「同胞愛」和「和平」這兩個概念，絕對是所有宗教共通的傳承，但是若要保存此一傳統，則不但需要政治上的包容性，也要相互認可，尊重彼此的文化差異。

我不是宗教學者，但我深信，所有偉大宗教及其導師的精神力量，都能夠也應該致力於把這股偉力轉化成促進和平的動力。像這樣的動力，具備了心理、文化和社會層面的力量，能幫助人群在關乎未來的全球性大議題上達成共識。這樣的動力，也能幫助我們在環境、人口、發展和安全問題上做出必要抉擇。

儘管減緩愛滋病傳播的藥物已經開發出來，但是在未來五十年內，這種疾病還是會奪走很多非洲人的生命。您怎麼解釋這種情況，對此又有何計劃？

愛滋病是一種沒有疆界的疾病，但事實上，超過百分之九十五的HIV帶原者，是貧窮國家的人民。這表示，在貧窮與愛滋病之間有某種相關性——更廣泛一點來說，貧窮和傳染性疾病之間是有關的，是一種惡性循環，因爲貧窮有助於愛滋病的傳播，而愛滋病反過來又造成更進一步的貧窮。舉例來說，位在非洲東部的國家波扎那（Botswana），在九〇年代出生的新生兒，平均預估壽命只有四十多歲，如果不是因爲愛滋病的話，應該可以活到七十歲。

貧窮總會帶來暴力和無知，以及其他深具毀滅性的社會態度和行爲，譬如說大男人主義和年紀輕輕就發生性關係，這些，是傳播HIV病原的直接因素。在非洲，愛滋病造成了高死亡率，深層原因應該就在於非洲地區的社經狀況。

關於爲什麼愛滋病在非洲會快速蔓延，還有更多更直接的解釋，而都和經濟因素有直接關聯。目前針對愛滋病最有效的藥物，是以AZT製成的。這種藥非常昂貴，而且患者必須長期服用。因此，這種藥到現在都沒辦法在貧窮國家中大量使用。再說，這些貧窮國家內部的衛生健康系統幾乎完全癱瘓：公衆衛生的預算被大幅削減，醫院和診所不足，醫師們流動到工作機會較好的地方，現存的公衛基礎建設一場糊塗。就舉尚比亞國恩多拉市（Ndola）市內的主要醫院來說好了，醫院內部的狀況非常糟糕，三分之二的病患正因愛滋病而性命垂危：不只是因爲愛滋病而瀕死，也因爲醫院根本缺乏足夠的食物來照料病患。

諸多現況中，最令人震驚的是愛滋病殘害著非洲兒童。非洲大陸的新生代，以可怕的速度在凋零：超過百分之三十的懷孕婦女是HIV帶原者，而她們所產下的兒童中，有百分之二十五到三十在一出生就帶有HIV病毒。整體來說，每十個愛滋帶原孩童中，有九個是居住在撒哈拉沙漠以南的非洲兒童。

因此，我們眼前的任務艱難異常，而我們在量上和質上都必須投注更多心血，以祈能解救這許多非洲人民。義大利和其他工業化國家一樣，都必須明白，對抗愛滋病我們也有責任。傳染性疾病的再度興起，以及其加快的傳播速度，乃是足以影響全人類安全的全球議題。

義大利外交政策的要務之一，就是對抗貧窮。義大利準備在許多領域中採取行動，其中包括訂定一條新法，更新我們原有的國際合作政策並賦予新動力；包括我們致力於增加原本日漸減少的對外援助；我們鼓勵義大利人民和民間機構，積極參與國際合作事宜；我們更集中焦點也更深刻思考，在愛滋病議題中，義大利就地理和區域來看應該優先處理哪些事務。

就我任期的政府而言，我已提議處理最貧窮國家的外債議題。在一九九九年的工業國高峰會中，我們提倡，國際社會應率先取消幾個國民年收入不到三百美金的貧窮國家的雙邊外債；這些國家包括撒哈拉沙漠以南的所有非洲國家。這項提議，將會使這些國家得以把現用於償還外債的資源，重新分配到社會福利、健康和教育上。

也因此，這項關於債務的提議，還必須結合與非洲領導人的政治對話，免得應該優先發展的事務落入腐敗和浪費的問題中。另外，要避免把不適用於非洲現實的教育和健保系統移轉到非洲。也不能忘記，乾淨的水質、個人衛生、性教育、適當的營養和其他預防性的措施，才是避免疾病蔓延的良方。

至於如何對抗貧窮國家的愛滋病傳播問題，我傾向於進一步支持國際性的組織，例如世界衛生組織和聯合國專門處理愛滋病議題的機構。對抗愛滋病刻不容緩，義大利負責國際合作事宜的部門，會要求國會對此核準額外的經費。

在下結論之前，我還想談談科學研究與實驗所點燃的新希望。前述的幾個國際機構，最近在他們的「喚起認識」活動中獲得初步成果。這個活動的目的是要說服科學社群與藥學產業，多多關注與貧窮相關的健康問題，不要只以收支情況來衡量要不要發展藥物，要不要進行研究。當貧窮折磨著全球廣大人口時，醫藥產業必須把對抗貧窮放進衡量。

多國組織與科技社群進一步合作，共同爲貧窮國家所面臨的問題而努力，最可能帶來饒富新意的國際合作方式。

在對抗愛滋病的戰役上，有一個研究計劃特別帶來希望。有一項由美國和烏干達兩國的研究者共同進行的研究計畫，名爲 HIVNET 012，在防止母親把HIV病毒傳遞給嬰兒這方面的研究上，成效卓越。這項治療法，便是所謂的雞尾酒療法，所用的藥是 Nevirapine，這種藥物比大家比較熟知的AZT更有效，也更便宜，而且患者只須短期服用，配合在溫暖的氣候下好好休養便可。

這種研究方式，是對抗貧窮與傳染疾病這一組問題的重大嶄新途徑。因爲，相較於其他形式的國際合作所需的花費（到目前爲止共花掉兩百萬美金），該研究花費低很多，而且直接提出了治療方式到底何不合乎非洲現狀的問題。

您認爲，將來，統治世界的人會不會是科學家？

科學是我們這個時代的一大特徵。二十世紀在科學新知的領域上大有進展，我確信，將來，二十世紀將會被認爲是屬於偉大科學突破的世紀。

物理學給了我們關於宇宙的廣闊知識，讓我們認識它的過去與組成成分，以及它最大的銀河系與最小的粒子——我們延襲自古希臘人而來的觀念認爲，宇宙（cosmos）是一個有秩序的、和諧完美的世界；現代物理學則徹底翻轉了這種概念。

而近幾十年來生物學的進展可能更驚人。生物學帶來對於生命、生命過程及其特殊組織方式的深刻了解，完全改變了我們對於人類在自然界的角色與地位的看法，也改變了我們對自己的看法。

也是在我們的這個時代，生態學才踏出第一步。今天，我們不但知道了生物圈的自然平衡有多麼複雜細密，我們也領悟到必須保護生態。環境科學的發展，讓我們認淸自己的責任所在：把我們繼承自先人的自然界寶藏，傳給後世子孫。

二十世紀的重要性不僅在於基礎科學領域中的偉大發現。我相信，應用科學在其研究和技術發展的領域中所達成的卓越成就，同樣會為後人所緬懷。

在二十世紀，人類初次離開地球，往太空中踏出第一步，並接觸到另一個不同於地球的天體。在一九九九年，我們歡慶人類登陸月球三十週年紀念。

同樣是在二十世紀，人類發明了電腦，因此首度發展出能處理大量訊息的工具；接著發展出全球性的電腦網路，使得地球上所有人可以互相聯絡。拜此網路之賜，現在誰都接觸得到數量空前的各種資訊。

世人也會記得，二十世紀在醫學上有著偉大進展。過去這一百年來，人類的平均壽命提高了一倍，兒童的夭折率也大幅降低，而且至少在某些地區，許多在以前會造成悲劇的傳染性疾病，也被徹底根除了。

最後，人們並且會記得，人類在二十世紀發明了新的、卓越的微生物技術，得以操控生命有機體，因此為未來醫學和農業的發展點燃了更高的希望。

毫無疑問，科學研究的成就偉大，對社會造成絕大影響。科學在文化中的地位變得更重要，而基於科學的技術創新，確乎已存在於人類社會的所有層面中。

對於科學家的偉大發現，以及他們過去曾賦予的、未來還會繼續賦予我們的各種契機，我們當然必須向他們表達感激之情。的確，我們的社會表達了他們對科學的感謝：大量資源投入了研究活動。現在工作中的科學家，總人數超過以往所有科學家的總合。某些科學家的名聲，例如愛因斯坦，更是家喻戶曉，而他們努力奮鬥的故事，成爲這個時代的偉大傳說。

而科學和政治的關係逐漸密切。科學家們愈來愈願意投入在地社會和全球社會，辨明問題並參與解決的行列，而他們的貢獻日益獲得大家的感激與認同。他們在政治決策上的角色日漸吃重，然而，我並不認爲他們將來會取代政治家來治理世界。

我會這樣說有兩個原因。第一，科學家們想做的是研究，並不是治國。科學家基於自己的興趣與熱情，甚至是與同儕競爭所得的樂趣，使他們以追求新知爲原動力，而非爲了與政府扯上關係。我不是說科學家就不可能像其他公民一樣成爲政治家，而是說基本上，科學家的目標不在於當一個政治人物。

這樣說下來，還有另外一個更重要的原因讓我認爲科學家們終究不會統治這個世界。我對民主和民主程序有絕對的信心。科學家們產生新知識，但最終要由整個社會透過民主機制來決定，這項科學新知應該如何運用，或是我們可以從這項新知中攫取什麼樣的可能性。科學家給我們建議，但做決定的人是我們，而且，我們有責任和義務要做出決定。事實上，在要做出政治上的抉擇時，科學家務必確保已提出了所有的知識；而當社會大衆都獲得一定的認識了，再做出民主的決定。但最後的決定屬於整個社會，是「我們」決定，核能、電腦科技和生化科技等等科技應該如何運用。

當然，科學與政治這兩門學科的方法和演進速度不同，想要彼此和解並不容易。科學知識愈來愈專門化，演進的速度愈來愈快。科技的流傳太廣，速度太快，看起來似乎無法掌握，完全無法控制。

誠然，科技並不只提供新的機會和可能性，它們也一直在製造法律上的、社會性的，甚至倫理上的問題，而且問題層出不窮。有一個很好的例子可以說明。新的生化技術問世，使得我們可以在胎兒一出生就根據基因而預知胎兒罹患某疾病的機率多大。這讓我們更能預防疾病，及早治療患嚴重疾病的患者；但這也可能會產生新形態的社會歧視。舉例來說，一家公司將可能會拒絕雇用某些在先天上罹患癌症機率較高的人；一個國家可以排斥那些先天較易感染某些疾病，甚至較易產生某種行爲的人民。沒錯，基因科學及這種有預言能力的醫學進展是絕佳的機會，我們可以用它們來造福人類。或者造成傷害。

政治家們絕對不該懼怕科學，我們反而必須迎接科學所帶來的挑戰。我們必須一邊正面面對挑戰，一邊試著阻止躁進的科技改變，這樣才能得到新科技的所有潛在效益，掌握它所帶來的社會發展契機。

要金融市場承擔托賓賦稅（Tobin tax，③）其實很容易，而這些稅金可以用來處理世上最不公義的現象，您不認為嗎？

如果說，平常用來投資金融市場的資金，可以拿出一部分來解決某些貧窮國家所面臨的問題，那麼一定可以明顯提高幾億人口的生活水準。你這個問題，指出了一項目前相當嚴重的議題——說不定是最嚴重的問題：伴隨著全球化現象，使得為數驚人的資源如何取得成為問題，而為了把這些資源用來維持全球絕大多數人口，也會遭遇困難。對於在國際間流動的資金加以課稅，並把所得稅金用來支援貧窮國家人民的生活，聽來是很吸引人的點子。這樣做可以重新分配資源，讓資源用在更有意義的地方，並可稍稍抑止金融市場過度動盪，確實一舉兩得。就理論來說，是個好主意，但在實際上可行嗎？

首先，想要對國際金融資本課稅時，會遇到一個「基本障礙」。因為，這種稅制應該要全面實施才會有效。如果某些國家決定不採行這種稅法，那麼資本就會流向這些國家；而決定要徵收此種稅款的國家，很快就會失去稅收；最後就不會有國家想徵收這樣的稅了。但這個「障礙」未必克服不了。如果今日世界的兩大經濟體，即美國和歐盟，決定施行此稅制，就會對其他不打算照做的國家形成巨大壓力。

這就會接到我想說的第一個觀點。如果希望國際金融市場有一個比較理想的組織，或是要對它執行有更有效的監督，需要國際間的主要財經勢力來聯合領導；由這些主要的財經勢力主導，如何解決全球系統的龐大問題。要有強力的國際組織，才會有效率高也更公正的國際市場體系。主要的經濟體應該全力支持像國際貨幣基金組織（IMF）和世界銀行這類的機構，強化這些機構的角色；同時應該提議改造這些已有五十年歷史的機構，以因應全球化。主要經濟體尤其應該支持一項原則：發展中國家在適應國際金融市場所帶來的壓力時，需要有正確的金融政策，也要保護弱勢族群不會因爲這些通常是他們所無法掌控的政策而受害。到目前爲止，出於總體經濟學規則的「傳統智慧」所實施的調適政策，完全忽視了政策所可能造成的社會問題，而且經常鼓吹一項觀念，說所謂的開放市場只對少數人有利，而對大多數人造成損失。簡言之，全球化往往與社會不公劃上等號。

不幸，全球化的確常常造成社會不公，但這並不是無法避免的。我要再說一次：提倡新的「遊戲規則」，以期矯正（最好消除）全球市場在運作時的扭曲現象，乃是富有國家的重大責任。國際機構應該做的是，引進新規則並監督規則的實行，以此矯正現行市場的失敗。這項議題，已經在關於「新金融架構」的討論中被提出了，是一九九九年六月的工業國高峰會議中幾項重大討論議題之一。這幾個富裕國家已有若干共識，也接受了一些建議。整個過程才剛剛開始，應該要嚴加監督。

但是，一個有效又公平的市場機制，最需要先見到的是個人或私人機構改變行爲。金融市場有一個討人厭的特徵：短線心態，也就是短期投資追求近利。短線投資無助於財富的擴展，也無法提供新的工作機會（除了金融交易員之外），更談不上對諸如饑荒或貧窮人口的居住條件等重大問題有所貢獻。一個比較好的市場機制要能夠鼓勵長期投資，才能促進發展，帶來就業機會和技術進步，改善生活環境。許多發展中國家都因爲富裕國家帶來的實質性長期投資而獲利。賦稅上的優惠，通常很能吸引這些大國的外資——就此來看，我會支持制定能鼓勵長期投資的國際賦稅政策。而關於全世界採行同一種賦稅政策的這個議題，剛才我們所談到的「基本障礙」還是成立。原則上，所有國家都應該採用此稅制，以避免所謂的「財稅競爭」。同樣的，如果幾個主要的經濟體都同意採用某項政策，至少是同意若干大原則，就能在國際經濟體系中製造重大轉變。

另一個國際金融市場機制必須改變的地方，是分擔經濟危機成本的方式。我們可以在許多例子中看到，爲了因應經濟危機（以及錯誤的政策和市場失敗所導致的結果）所做的調節反應，成本與負擔落在最沒有受到保護的私人金融市場；然而，最應該負責任的對象鮮少付出代價。一個體質良好的國際金融市場，應該是要讓犯錯的一方付出代價。關於私人部分如何更進一步分擔金融危機的成本，以及如何管理，是討論中的「新金融結構」的重要環節。

最後，講到基本需求的資源分配問題，意味著必須檢視貧窮國家的外債問題。一九九九年六月的「科隆提議」，針對高外債貧窮國家的外債如何免除，已獲致若干切中問題的成果。這是我們支援貧窮人民的第一步。在外債免除方面還需要繼續努力，但原則很清楚。義大利率先提出一項看法：這項免除外債的政策，只能適用於那些願意不用戰爭和暴力來解決爭端的政府。和平與經濟進步，是一體的兩面。

總而言之，國際金融體制對於經濟和金融資源的不當分配，亟需導正，轉而想辦法解決貧窮人口所面臨的嚴重問題；這一點我同意。在設定了某些條件的情況之下，對金融交易課稅，可能會是個好主意。然而，爲達目的，還是有別的措施和政策可用。

請問總理，您二十歲的時候，想像千禧年是什麼樣子？

我二十歲那年是一九六九年。那時候，公元兩千年只是一個象徵性的日期，實在太遙遠，激發不出比較實際的想法或計劃。「千禧年結束」，比較適合當作科幻小書的主題，而不適合當成政治議題。不過，那時候的年輕人已經很重視政治，也把政治放進他們對於未來的規劃。

對於我那一代的人來說，一九六八年，特別是那一年裡席捲全歐洲的學生運動和蘇俄坦克開進布拉格④這兩件事，是生命的轉捩點。我記憶猶新。這一瞬間，我們猛然了解，真實世界不是想像中的樣子；我們尤其領悟到，有些事情可以改變，也應該改變。也許，義大利左派年輕人一路的成長路上，習慣用一套放諸四海皆準的看法來理解歷史與社會的過程，我們覺得，自己的投入和充滿理想色彩的熱情，是生命的召喚。

我可以說，我們那時候應該是壓根兒沒想到千禧年這東西。但我們打從心底相信，政治是徹底改變個人、社會、組織，乃至人類關係的方法。從這個角度來看，我二十歲那幾個月有著獨特的熱情、激進，而個人、文化和生活方式中都培養出新理念。

在那之後，我並沒有被迷惑，我看到了決定論與理想主義式的方法有其弱點與限制。

當然，人不可能對於影響及激發我們價值判斷的整體背景視而不見；當時的世界非常兩極化，以物質與道德區分兩面，畫出兩種政治及經濟體系、兩種分明的國家形態，甚至形成兩種不同的文化與價值觀。即使是在義大利，諸如市場經濟、民主、多元等字眼詞都會造成分裂與衝突。而且我要強調，傳統的左派政策，特別是義大利共黨的政策，導致這些團體採取鮮明的原始立場，並且堅持要依附於西方民主的基本價值觀。

一九六八年春天，讓我們對未來抱持積極態度。我們深信，在我們之後的世界將會變得不同，而且絕對會更好——這樣的態度絕不只是一時的狀態，卻是深深影響我們性格的基調。我們對歷史有信心，也相信可以充分發揮我們的聰明與道德感。我們並不是沒有發現，嚴重的問題一一浮現，但我們不願意因而動搖或讓步。你可以說我們這是一種青春的激情，但這畢竟是一種濃烈的、普遍的態度。這是我們自我認同的基本元素；而我到現在仍然相信，我們今日之所以成爲我們，是來自於這一態度。我相信，科學的日新月異、科技疆界的突破、醫學研究的進步等等這一切，更鼓勵了我們對未來抱持樂觀。基本上，我們當時就明白，成長一定能帶來福祉，能增加生命中的選擇項與自由度。

但是，我們這樣的認知，也造成了當時左派所體會到的文化限制：我們這種態度，使得當時許多個體所積累的不同期待難以被列入考慮。我這話的意思是說，我們的樂觀態度和比較開放的可能性，固然大大影響了時人對於政治與文化所做的抉擇，但它同時影響到消費模式，以及個人及家庭對於這快速變遷社會的預期；彷彿我們只注意到如何詮釋與掌控世界，卻不夠關心個體的轉變及周遭冒出來的新感受。後來，這種斷裂成爲保守主義出現的一大主因，而保守主義一直延續到八〇年代。當時，大家太想從政治的角度來理解社會，以致於低估了周遭所發生的深遠變化——這當然是我一個五十歲的人回顧過去所得的後見之明。我們花了許多時間來想像世界的模樣，希望世界符合我們的期待；但是我們沒有認眞了解實際上發生的事情。然而，我們不是自大；再強調一次，就算我們當時的確沒有看清世界的眞實面貌，那也是因爲我們的熱情，因爲我們這一代普遍抱持的價値觀。

科學與技術的進步，使得人與人的關係產生革命性的變化，也使得人類有辦法全面消滅人類自己。基於這樣的發展，您如何展望人類在新千禧年的未來？

二十世紀是一個充滿矛盾的卓越世紀，而我們在這個世紀中所跨越的重大門檻，便是如你所說的：在人類歷史上，人類第一次能夠毀滅自己。在二十世紀裡，許多威力強大的毀滅性武器問世，並且很不幸的，也被拿出來用了。人類製造出大量的軍火；到了二十世紀下半葉，人類所擁有的毀滅性武器，數量多到徹底殲滅全人類之後還有剩。

軍備競賽從第一與第二次世界大戰時期就開始了。但足以毀滅人類的軍火，是在美蘇冷戰之後才建造的。四十多年來，這兩大陣營的軍備數量空前龐大，而且設計精巧、殺傷力驚人；美蘇兩方把軍備瞄準對方，雙方永遠處在警戒狀態。有好幾次，人類瀕臨宣戰，還好沒有跨越界線。這個出於恐懼而形成的均勢沒有被打破；理性的力量總是戰勝了想打仗的蠢動。

今天，我們可以不必那麼緊張兮兮了。美蘇的敵對不復存在，也沒有理由再懼怕衝突。毀滅性軍火也不總是一觸即發；誤觸戰火的危險性也降低了。

核武、生化等軍火庫仍然存在。兩大陣營的軍火物資雖然稍有削減，威力仍足以摧毀人類好幾次。大國與國際組織開始進行協商，打算把剩餘的軍火庫逐步滅除。

在削減核子生化武器時，不時遭遇困難，但我希望這個過程能順利進行。我認爲，不久人類就會放棄那種可以自相殘殺的能力。

當然，人類仍然可能會把科技運用在有違人類利益的事情上——永遠都有這個可能。所以我們必須學習駕馭這樣的危機。但要如何做呢？

核子物理學的歷史告訴我們，只要幾年或幾個月的時間，基礎科學就可以找到可應用的知識，這當中包括軍事用途。例如鈾的核分裂，在一九三九年首次被德國化學家漢恩（Otto Hahn）完成；不久，「曼哈頓研究計劃」在一九四五年製造出第一顆原子彈。由此我們可以知道，不同專業領域的科學家，出於個人的考慮，有時候會參與毀滅性武器的製造。科學進步讓科學家擁有無比的力量，他們在使用這種力量時必須具有判斷力與責任感。

核子武器的故事同時也告訴我們，在運用科學知識時，最大的責任並不落在科學家與技術人員身上；做出重大決定的是政治家、軍隊、經濟學家，乃至整個社會。我們必須期待，這些決定是在民主的情況下，考量了全人類福祉之後做出的。這表示要提高科學教育的水準，要加強民主方式對於社會各階層技術發展的掌控。

我們當然不能，也不應該把科學與技術視爲對人類的威脅。相反的，我們不但要意識到科技的危險，也要掌握科技知識所能提供的一切機會。核子物理學的歷史顯示，用來製作核子武器的知識，經由適當的控制，可用來發展能源，也可以用來協助醫生診斷並治療病人，而在這方面已卓有貢獻。

至於你這問題的第二部分，是這樣的：我不認爲人類的未來已經定形了，我覺得它是有各種可能的，端視我們有沒有努力經營。科技的確可以幫助我們建立一個更棒的未來。今天，人類已不再面臨核武或生化武器突然爆發所帶來的瞬間滅種危機，但仍然有其他的全球性危險威脅著人類。

譬如環境的威脅。人類造成了地球氣候的改變，加速了物種的減少，並且要對許多物種的滅絕而負責。我們也造成沙漠化土地的面積擴大，造成森林的消失，改變了海洋生物的循環週期。在二十一世紀，我們不能再這樣下去。

隨著人口成長，食物的供給也成為問題。地球人口有六十億，這個數字是二十世紀初的四倍。再過幾十年，會有八十或九十億人口，而平均每人可用的適耕土地面積逐年減少。未來，我們的食物夠不夠吃？

還有健康的問題。人類平均年齡在二十世紀裡增加了一倍，許多導致人類死亡的疾病也被消滅；世界人口過剩，南半球情況尤其嚴重。致死的疾病很容易治癒。再者，新的危險疾病總是與貧窮、低生活水平相關。二十一世紀來臨，我們能不能滿足全人類基本的健康需求？

最後是貧富差距日漸懸殊的問題。這樣的差距，在道德倫理上無法接受，社會也無法容忍。將來，我們能不能降低貧富差距？

我認爲，人類終將解決這些問題。當然，若欲解決全球性問題，首要條件是必須人類全體同心協力，衆志成城——然而，如果不能持續獲得新知識與發展新技術，以上所提到的危機無一能消除。

如果科技無法讓經濟維持長期穩定，就解除不了環境危機；如果不增加地球上可供生產的土地面積，特別是有效分配食物，就無法解決食物供給的問題；若無法發現新的治療方法，就不能袪除新病或舊疾；如果不研發新的系統、技術或組織來支援第三世界，就解決不了社會問題。

結論是，儘管光靠科技的進步無法保證人民與社會的進步，但若沒有科技之助，我們將無法解決全球性的問題，連在地的許多問題也解決不了。

假如您治理的是全世界最貧窮的七個國家之一，請問在新千禧年之初，您打算如何帶領國家走向一個全新的開始？

治理全世界最窮的幾個國家，意思是說，治理的是諸如莫三比克、衣索比亞、剛果共和國、蒲隆地、獅子山、尼日及坦尚尼亞等國家。這些國家都在非洲，都位於撒哈拉沙漠以南。撒哈拉沙漠以南這塊地區，人口兩億兩千萬，以收入或是貧窮的成長率來看，此區的窮人人口比例高居世界之冠。

這些國家都經歷過各種重大的國內外衝突。貧窮與戰爭衝突是互爲因果且互相增強的；貧窮導致衝突，發生了衝突，又使得國家因無法發展而變得更窮。因此，若要人群和睦共處，兼之追求發展，首要之務在於謀求和平。

如果我是貧窮國家的領袖，我在對抗貧窮時所面臨的第一個挑戰，會是探討造成衝突的原因，鼓吹社會的團結，以打破這個貧窮與衝突的惡性循環，或說是頑劣的機制。就執行層面來說，就是要創造出能提高參與感的環境，動員一切人力資源，使市民、企業與市場經濟積極參與。身爲國家領導人，爲了促成讓民衆參與的動機和社會氛圍，我會把重點放在國內，讓政治與組織體系更貼近人民。在政治的意涵當中，這做法就是支持「去中心化」，這是最能鼓勵實際的權力轉移與人類發展的方法。

政府有權利讓人民知道，上自國家領導人，下至一般百姓，人人都有責任。人民若知道，所訂定的法律一定會執行，就會產生安全感與踏實感，而這是經濟復甦與發展的要素。官方在土地和其它方面的產權，是發展健全市場經濟的必要條件，務要保障其不會因貪污而被侵佔，並且要奠基在已遍及非洲的小型商業網絡上。

以優先順序而言，我會先把重點放在加強公家機構的能力、透明化與責任感上面，這些是建立行政信心並晉身國際社會的幾個必要步驟。促進資訊的廣泛流通，容許各種公共團體與個人在法律與政治決策當中扮演核心角色，是促進國家資源流動的最好方法。良好的財務管理與具有生產力的公共投資，是讓國家財產得以累積與流通的唯一方法。「人」是非洲國家最寶貴的資產，因此，滿足人民的需要是重要課題；特別是這七個非洲國家的人口年成長率約只有百分之三（莫三比克是百分之三點八）。

當然，我會確保國家不會規避責任，並且確實讓每一位國民都能接受基礎教育，都能獲得資源，並得到更多工作機會及醫療福利。（在獅子山，孩童的死亡率已高達百分之二十八點四，而莫三比克是百分之二十一點四！）身爲非洲經濟基礎的婦女，特別應該受到重視。在這七個國家之中，婦女不識字的比例非常高，在尼日、獅子山、蒲隆地與莫三比克高達百分之八十到九十。

因此，我在編列預算時，會把稀少且有限的資源用來投資國家的人力資本，以此推動社會資源整合。採取了以上步驟之後，我還是有許多無法獨力解決的大問題。任何有關國家發展的承諾，都得動用到無法在國內流通的財政資源。我們要知道，非洲國家的經濟發展並非一蹴可及，許多國家仍要把百分之二十五的產品出口收入用來償還外債。

把這些國債的數字與來自國外的直接投資、國際援助與進出口等數字相比，很明顯的，對於這七個世界上最貧窮的國家而言，「外債」是無法承受的負擔。也因此，在一九九九年的工業國高峰會上，決議取消貧窮國家外債，便顯得意義重大。

取消了外債，有助於打破國家低度發展的惡性循環，但即便如此，仍不能保證國家必然繁榮。所以，在先前我提到的財務資源問題上，我也必須致力於與其他貧窮國家和援助國協力，尋求解決方案。

我必須竭力讓西方工業國家了解，如果他們想協助非洲發展經濟，就必然要進行國際合作與全球化。此外，經濟發展的合作應該要能確實滿足貧窮國家的需求，並且要以「永續發展」爲指導原則。

西方工業國家責無旁貸。和平，衆人獲利；貧窮，則大家遭殃。試想，低度發展可能會造成「迴力效應」：戰爭、毒品氾濫、污染、環境破壞、非法移民、賣淫、傳染病的流行。身爲國家元首，我不但要致力於本國的發展，也要戮力讓國際社會把非洲國家的經濟發展視爲優先議題；因爲我國的問題涉及全球領域，許多問題都需要國際的回應。因此，我會提議，這七個貧窮國家應該召開等同於工業國高峰會的會議。

一九九五年舉行了社會發展世界高峰會（The World Summit for Social Development），這是一個重要的先例。我將秉持同樣的精神，使這七個貧窮的非洲國家督促七大工業國簽訂「發展條約」。貧窮國家將會保證，國內外任何紛爭都會尋求以和平方式解決，並促進政治與管理系統的責任制與透明化，以鼓勵參與並發展市場經濟。至於工業國家，則必須誓言把合作計畫視爲優先，促進貧窮國家在貿易體系中整合（可藉由放棄所有保護主義和非關關稅的貿易壁壘而達成），改革財政系統，並尋求債務問題的終極解決方案。如此一來，便可以讓貧窮國家優先發展科技，例如防止傳染病的疫苗與科技資訊的普及等。

我們需要的是有勇氣的國家，能斷然揮別過去，重新定義與創造出能爲貧窮國家與工業國家所共享的利益。換言之，我們要在貧窮國家與富有國家之間，建立起新的合作關係。

國家經濟的角色愈來愈重要。您認爲，有朝一日我們不會成爲某個跨國企業的公民，而非只是一個國家的公民？

很少有名詞可以像「全球化」這樣，廣泛進入日常生活。就像你這個問題所指出的，在很多時候，大家對於「全球化」的反應是害怕，害怕這世界的所有差異都被抹滅，害怕我們必須臣服於一個「巨大的、跨國的」實體，而這個實體以增加財富和權力爲唯一目的。

但我不相信這樣的觀點。我認爲，未來是可以由我們來塑造和改變的。全球化現象通常被理解爲國際貿易和投資的增加，但它其實不是新的現象。大約在一百年前，工業國家之間就產生過一波全球化現象，帶動了殖民主義。但這個過程最終還是結束了，而且是一個悲劇性的結尾——第一次世界大戰。

但今日光景截然不同。貿易和投資全球化的趨勢，造成國際金融市場擴張和科技的普及，許多經濟情況大大不同。和一百年前一樣，今日的跨國大企業還是全球化過程中的主角，但是潮流已然不同，特別是從兩個觀點來看：首先，統理全球經濟的是國際組織，像是國際貨幣基金組織和世界銀行，而世界貿易組織尤其與國際經濟息息相關；其次，在這波世界經濟擴張的潮流中所牽涉到的國家，數目遠比一百年前的殖民帝國來得多。

我提起這些，是因爲在全球市場上活躍的不只是跨國企業，各個國家和國際組織也都有一定的角色。然而，我們不免要問：誰是最後的贏家？難道國家和國際組織注定要消失，只留下跨國企業來統治？尤有甚者，跨國企業之間會不會互相對立，非要爭到只剩一個霸王才肯罷休？回答這些問題時，先談談我觀察到的，這些角色在全球化過程中的轉變。

很肯定的是，國家的最高統治權力已經受到全球市場擴張的影響。譬如說，沒有人可以否認，對於一個「防制性」（proactive）的總體經濟政策而言，藉著金融市場的整合與擴張，邊緣地帶的範圍已經大大縮小了。今日國家的經濟主權不但受限於自己所擁有的資源，也受限於國家在市場上所享有的名聲和可信度。跨國投資的擴張也限制了國家的經濟主權，因爲投資國爲了增加獲利，可以把製造活動轉移到別處（譬如轉移到另一個國家），而這會對原國家的就業造成負面影響。

但是在這轉變過程中，政府也有蒙利的時候。一個國家假如能具體實行並追求精確的經濟政策，那麼在向外借款時，可以因低利率而獲益，因而可以把資源投入更有產能的地方，而不必用來還外債。一個國家的整體環境如果有競爭力和活力，又有完善的基礎建設，以及受過教育的勞工和有效的行政機構，必能吸引國外投資者，就能因此提高其國內就業機會，並獲得新科技。

就這個觀點來看，跨國資本的擴張並沒有使國家的角色萎縮；相反的，這會促使各國調整自己的政策以適應新環境。新環境帶來新的挑戰，但是也提供了新的契機。

從另一方面來看，跨國投資者也需要政府：他們需要政府來提供並大力執行一套能讓市場有效運作的基本規則，這些基本規則包括：標準的設施、產權、市場競爭政策，以及金融情況的穩定性和對市場的監督。許多人或許認爲，私人公司或跨國企業在一個沒有規則的世界中會運行得更順利。這個想法並不正確。在無規則的世界中，有些企業或許一開始可以獲利，但最後一定會發生危機，並導致全面損失，這可以從過去二十年裡的兩次重大金融危機看出來：八〇年代初期拉丁美州的外債危機，九〇年代末的亞洲金融風暴。這兩樁金融危機，在爆發之前都有過一段逐漸攀高的樂觀主義風潮，市場也都極端熱絡，後來變成過度投資。在市場崩潰之後，假如沒有政府和國際組織的主動參與，一定沒辦法重建市場，恢復信任結構。如果事前能推廣危機預防條例的話，這兩次的市場崩潰都可以避免。

再舉一個例子。國外的直接投資，需要新市場和新國家能有清楚的、有關財產權和利潤運用的規則。若沒有這些規則，市場就會充滿不確定，也就不會有人願意投資。而這些規則是國家有權制定的。

當然，接下來的問題是：我說的這些規則到底是什麼？某種程度上來說，每一個國家都希望設定自己的規則以利外國資本進入，或在某些情況下抵制外資進入。全球化的浪潮，使得各國政府有關跨國投資和貿易的規則成爲國際競賽的一部分。譬如說，有些國家想在勞力市場和環境保護方面完全自由化。我認爲，即使各國都有權力自己設定規則，但是像童工和環保這方面的問題應該要有基本限制。如果某些國家在這類細節問題上不願意接受這些基本標準，那麼跨國企業可以要求該政府務必接受他們的想法，更要獲得該地全體居民的接受。

全球化現象帶來的艱困任務之一，是如何一方面追求自由繁榮的世界經濟，一方面能有一套國際規則，可以維護起碼的生活標準，這對於全球貧窮人口尤其重要。可是，在實際情況裡，許多發展中國家認爲，外資要求他們達到這種標準，是對他們內政的不當干預，並聲稱他們只能靠勞力和寬鬆的環境保護條款在全球市場中獲利。而許多工業化國家不肯接受更開放的、更市場導向的政策，然而發展中國家要靠這類的政策才能在國際市場的擴張當中得利。國際組織的功用之一，就是要幫這些國家設立並執行這些普遍被接受的「遊戲規則」，並且克服前述的困難。

總結來說，我相信，爲了採收全球化所帶來的利益，確保跨國企業在這當中擔任恰當的角色，各國政府必須把全球化視爲契機，同時在彼此之間找尋新的合作模式。這樣才能確保全球市場的確服務了全球的社會，而非全世界爲一個全球市場作嫁。

聯合國安理會永久會員是以什麼理由爲存在的基礎？安理會是否應該重整？假如應該重整，又該以哪種標準爲依據？

我堅信，如果想加強聯合國的功能，就必須對它進行重整。我也相信，我們愈來愈需要聯合國；沒有聯合國，我們會無法處理二十一世紀的全球問題。但我們需要的到底是何種形式的重整，仍有待辯論。事實上，這個問題已經爭論了好幾年，還沒有一個結論。

現在有兩件事是確定的：第一，現存的聯合國安理會組織，反映的是二次世界大戰之後的國際形勢，而若干今日的主要經濟勢力並無席次，而新興國家也只有中國是會員國。那時候是看誰贏了二次世界大戰，誰擁有核武。這個方式在新千禧年當中絕對不適用。

第二，我們知道，聯合國安理會的缺乏效率，不只是肇因於組成份子，也來自於它的運作方式。一直以來，每當強權的利益無法滿足，就使用否決權，因而阻礙了安理會的運作。這可以說明，聯合國何以在冷戰期間長期癱瘓，而在美國與戈巴契夫時代的蘇聯合作這段時期可以恢復功能，但安理會最近又遇到困境（科索沃危機的處理是很複雜的事）。很明顯的，如果會員持續增加而否決權依然存在，聯合國就有癱瘓的危險。因此我們必須思考，如何以民主方式重整聯合國，使之能代表今日國際形勢，並減少否決權的使用頻率。

舉例而言，現今的聯合國秘書長安南提議，採行一種「有資格」的多數決投票方式。換言之，即使某提案被安理會成員國動用否決權，但獲得其餘九個非會員國或其餘四個永久會員的支持，大會仍然可以下決定（現在大會共有十五個會員國）。這個提案可以廢止單一會員國的否決權，自然可以減低單一會員癱瘓大會的影響力。

通盤考慮這一切之後，我認爲，聯合國大會在這方面所需要進行的改革，和重新檢視會員國成員同樣重要。

說到要擴張安理會，有幾種非常不同的做法可以考慮。我認爲，理想的解決方案是以區域爲基礎來實行，也就是盡可能確保每個區域在安理會中都有其代表與影響力。這可以藉由增加永久區域會員的席次（比如歐洲席次），或是藉由主要區域會員經常性的輪替來達成。這只是理論上可行，因爲實際上這個做法會面臨相當程度的反彈，即使是擁有豐富的區域整合經驗的歐洲國家，也會反彈。但我認爲這項做法值得推動，並且在未來幾年會受到支持；就算無法立刻執行，仍會被當作指導原則，對於歐盟來說特別是如此，因爲假如歐盟各國連在國際機構中發言統一都做不到，遑論要有一個通行的外交政策，也就是說希望歐盟各國的行動一致，在國際舞台上發言口徑一致，有一套共同的防禦政策。

然而，姑且不論這些想法是否純屬「國家」邏輯，我們很明顯必須找到一個恰當的客觀準則，例如會員國的經濟規模、在聯合國維護和平任務中所投注的資源、支付給聯合國預算的多寡、國家的人口規模、在區域衝突中所扮演的關鍵性角色等等。義大利在這方面的行動已經有所進展。我們的駐聯合國大使畫了一幅小圖，在圖上一眼就看出義大利是參與聯合國和平任務的主要國家之一（排名在美國、法國、英國之後），並且是第五大支付聯合國預算的國家。這表示，義大利支持聯合國以多國組織與國際性的規範與價值爲基礎，作爲國際秩序的中心。這同時說明爲何近幾年，義大利極力反對沒有以一套客觀審愼的標準所進行的安理會擴張。

我們必須思考如何以民主的方式重整聯合國，特別是如果我們相信，我們需要一個強大、可靠、名正言順的組織來因應二十一世紀的挑戰。（我個人堅決相信。）當然，光靠一個聯合國是不夠的。我們需要好幾個不同的組織，共同討論與合作。爲此，我們必須充分利用聯合國憲章第八條所提供的機會；它提供了聯合國和區域組織之間的基本聯繫，例如歐洲安全合作組織、北大西洋公約組織和歐盟。但現在聯合國是唯一的國際組織。所以說，聯合國務需重整——至少在那些認爲國際組織必須基於規範，而非基於「權力即眞理」的人看來，一定必須進行重整。

另一項關鍵的議題是，當必須使用武力來維持國際安全與捍衛人權時，我們必須協調「政治意志」與「合法性」。科索沃是一個很好的例子。安理會功能完全癱瘓，又面臨人道主義的危機，北約組織在安理會並未向其明確提出委託的情況下，仍然出面介入。但最後國際社會仍然轉而向聯合國，要求聯合國以外交手段解決紛爭。科索沃事件顯示了聯合國在國際社會中的重要角色，及其不可替代的地位。在東帝汶獨立的事件中，我們再度看到今日聯合國的光明面與黑暗面，看到它的弱點與不可替代的國際中心位置。

就像我一開始所說的，我們還是需要聯合國；如果我們想團結起來，讓國際組織不只是追求國家的安全，更注重「人」的安全，我們更需要聯合國。爲達此目的，我們必須設法使聯合國更有效率、更透明化、更可靠，更能反映出新的國際關係。除此之外，我看不出有其他的做法。

總理先生，新千禧年伊始，如果希望您給今日的年輕人一些建議，您會說什麼呢？

我們這個時代最驚人的特徵之一，就是新知識和新科技以極其可觀的速度在改變我們學習的方式和學習腳步，尤其是在電腦這個領域。不到半個世紀前，第一個計算機才在實驗室中發明出來，當時計算機的體積相當巨大，記憶體容量卻很小。然而到了今天，個人電腦的威力已經比原型強大一百倍，連兒童都習慣了要每天用電腦，對於移動滑鼠或瀏覽網際網路非常熟稔，他們比我這個世代的大多數人覺得電腦好用也好學。這是一個相當重大的改變，因爲這改變了雙向溝通與傳遞知識的方式。

就某種程度而言，傳統中的學習方式，也就是年輕人倚靠長者來學習的方式已經顚倒過來了。出生於這個時代的人，在使用這些先進的技術和語言上，比前人學得更快也更好。而且，有些新的系統，像是網路，一點一點改變了我們傳統上對於商業、金融交易市場和取得訊息的管道所抱持的概念。每天都有新的職業產生，技術面不斷擴大，障礙也一一排除，這全都是因爲知識水準比以往高出太多。由於這些溝通工具的快速發展，今日許多高階主管變成可有可無，他們原先的責任也顯得多餘了。念及此，不禁讓人感到頭暈。

我相信，這種與過去的決裂會更明顯，而精良的教育與訓練——程度遠遠超過今日提供給學生的教育與訓練——益形重要。準此而言，顯然應該建議這一群未來將擔當決策責任的年輕人：務要專注在學習上，要不斷提昇自己的技能。我也要建議他們，絕對不要試圖走捷徑；因爲在十年或二十年之後，他們的未來取決於他們在學校所學到的東西。在學校的這段期間，他們應該習得必要的基本態度和必要的技能，才能在自己的生涯和時代中展現彈性。

對於各國政府的領袖而言，我這個建議反映出一項迫在眉睫的任務，因爲如果一個社會在知識和研究上沒有充分投資，就注定浪費了最重要的資源。若是讓其他有企圖心的國家在教育和訓練上超前，等於危害本國的經濟；若在這方面落後，國家就會退步、缺乏競爭力、智力用罄、財富減少，以及更重要的——社會體質衰弱。因此，新千禧年的眞正挑戰應該是專注於這個範疇及其相關的技能發展。因爲這關係到年輕一代的未來，關係到國家是否有能力提供機會給每一個公民，讓他們能實現對於收入和社會穩定的期待，而國內眞正有天分的人才，也就不需轉到別的地方去追求夢想。

在解釋這些的同時，我當然也意識到，富有國家和其他地區國家間的差異與不平等，是不可能完全消除的，因爲窮國仍然缺乏基本資源來與大國競爭。就這一點而言，政治家要負起很大的責任。我們不能容許這些已成鴻溝的差異繼續加大。如果我們對此視若無睹，就不必奢望能在北半球先進國家與南半球貧窮國家間架起橋樑。

多年來，國際組織和機構已研擬出處理此一問題的策略，而早期的結果是正面的。現在的問題在於如何把這些早期的策略轉換成巨大的團結力量，以動員思想家、大學院校、研究機構和科學社群的成員，使全球走向現代化，以漸次消除所有會延緩甚至阻礙非洲大陸經濟成長和人民、社會發展的歷史性因素。我非常懇切希望，新一代有了便利的新科技，會對歷史和文化層面上的全球化進程重新產生興趣。藉由重新燃起對文化與歷史的關注，希望新的一代會發現，科學可以縮短貧富差距，可以利用科學研究來建立新的文明。這些又可以補充剛才我的回答；我建議年輕人，一定要努力學習，並且獲取必要的學位。

整體來說，從我的觀察可以發現，我希望政治能重新尋回它基本的價值與啓發。就我個人而言，每當我想到新千禧年的年輕人眼前的未來，以及他們肩負的人類任務時，我信心滿滿。

在過去的一千年裡，我們獲得了有關構成地球的基本粒子的豐富知識。您認爲，在第三個千禧年結束時，我們對於宇宙的認識，會和今天我們對於地球的認識一樣嗎？

我並不是物理專家，我也沒辦法預測物理學未來的發展，何況還是要預測一千年以後的事。

但是如果我們回顧過去，我們就會發現，在過去的這五百年裡，從哥白尼的太陽中心論和伽利略的「新科學」開始，人類對於地球的組成和對於宇宙的認識已大幅增加。十七世紀初期，由偉大的義大利科學家所發現的重要理論之一，不僅可用來說明地球的物理現象，也可以說明天體的運行。這個「對稱原則」，我們現在可能覺得沒什麼大不了，但這是前人的心血結晶，是不折不扣的典範轉移。我們從希臘人繼承而來的宇宙觀認爲，天體和地底在物理的本質上是不一樣的，因此兩者的運作定律也不相同：在天體中一切完美無瑕，地上卻盡是缺陷。伽利略改變了我們的視界，可以說是把天和地聯結起來。他從一個很簡單的觀察中演繹出「對稱原則」：他把望遠鏡對向月球，證實了月球表面上的皺褶和山脈，會以同一種方式製造出和地球表面一樣的陰影。

由此開始，我們知道自己可以用這種認識地球的方式來探索宇宙。事實上，天體和地球都由相同的元素構成，也遵循同樣的定律。

到了十七世紀晚期，這「對稱原則」被英國物理學家牛頓以極優雅、清晰的方式做了完美的示範。牛頓的力學理論可說是結合了哥白尼的天體論和伽利略的地球力學。

至於我們的二十世紀，再一次證實了伽利略的直覺，也見證了物理學領域中的驚人進展。一九一六年，愛因斯坦精心闡述了相對論；一九一七年，他提出了「宇宙方程式」；幾年後，一個叫佛萊曼（Alexander Friedman）的年輕俄羅斯數學家，經由一項傑出的發現而解出這些方程式。我們的宇宙並不是靜止的，卻是動態的。我們的宇宙不停地旋轉。然後，在一九二〇年代，這項假設由美國的天文學家哈伯（Edwin Hubble）的觀察證實，他發現銀河系在逐漸遠離。這使得我們了解到我們的宇宙不只是在旋轉，而且還在擴張。

根據這些基礎的發現，在二十世紀的下半葉，發展出一個關於宇宙演進的一般性通論。根據「大爆炸說」，在約一百五十億年前，從一顆小小的、非常緊密且非常炙熱的中心物質的爆炸開始，宇宙誕生了，從此開始擴張。而宇宙也愈變愈冷。這些原初的漿體逐漸冷卻，導致物質的凝固，銀河和星球於焉誕生。在其中一個銀河系（本銀河系）的邊陲，在一個恆星（太陽）的附近，地球和其他許多行星以同樣的方式誕生，然後地球上開始出現生命。

你可以看到，愛因斯坦的萬有引力學說提供了一個有關宇宙演化的大型精確模式。但在一九二〇代，就在我們逐漸發現旋轉的宇宙之時，另一個偉大的基本物理定律「量子力學」也發展出來了。就某個方面來說，量子理論補充了愛因斯坦相對論的不足，從微觀的層次來解釋物理現象。這些微觀層次的現象不同於巨觀世界所習見的現象，有時候甚至是截然不同的。但我們這裡不討論它們的差異，而是必須記住，在一九二〇年代之後，量子力學被證明是到目前爲止最精確的物理理論。最重要的是，有了量子力學，也就可能可以發展出一個通論，來解釋存在於地球和整個宇宙（就像伽利略說的）的基本力學和基本粒子。讀者們一定聽過這個模型，該模型之中有四個基本力，兩個是電磁力和重力，在日常生活中可以見到，它們也適用於巨觀世界。剩下的兩個基本力只適用於微觀的層次：一是用來把原子核凝聚在一起的強作用力（strong force），另一是可以讓幅射性物質衰變的弱作用力（weak force）。基本粒子的種類相當多，但可以大概分成兩大類：夸克和輕子（最主要的粒子就是電子）。

先不管名稱和分類，在現今的階段有兩個比較清楚的概念：

一、從散布在銀河間外太空中的微小、稀有粒子，以及在地球和其他星球上可見到的所有氣態、液態、固態的物質，一直到星體的白熱化離子體，宇宙中的一切，都是由夸克和輕子，以及從這兩者的各種組合方式所構成的。

二、在宇宙、地球和最遙遠的銀河中發生的一切，都是這些基本粒子間交互作用的結果。而這些粒子反應的方式，則遵照我們先前提過的四種基本力。

從這個觀點出發，讓自己站在最基本的層次上來看，我們可以說，現在我們對於地球的了解和對這個宇宙的了解是一樣多的。

當然，如果就細節和特定主題深入進行比較，我們對於這兩個領域的知識是不可同日而語的。我們對於在地表上會發生的事情，就算不是瞭若指掌，也知道得夠多了。但是我們對於在銀河系中央所發生的事就知之甚少。然而我們知道，這浩翰無邊的宇宙所依憑的基礎，事實上是很簡單、很有秩序的。這座宇宙宮殿中的每一個廂房、每一個廳堂都有著同樣的地基。但是科學家相信，不管物理的基礎看起來多簡單，我們卻還未能抓到一個完整、確定的形象。所以，如果我大膽預言，我認爲將來至少物理學家的任務之一會是要更進一步簡化這些定律和基本粒子的架構。許多科學家認爲，我們遲早會發展出一個偉大的一般論，只要用一種眞正的基本力及另一種眞正的基本粒子，就足以解釋整個宇宙。

如此說來，你的問題也可以用不同的方法來解釋。有人可能會好奇，如果我們已經探索了地球，並向外太空跨出了第一步，我們現在會不會繼續探索其他的星球，或甚至在下一個千禧年間去探索其他的星系。

我想我可以肯定告訴你，在接下來的幾十年，或最多在接下來的幾百年間，人類可以藉由直接登陸一些像是火星或是像土星的衛星泰坦這類的衛星來探索太陽系。爲什麼不行？這些星球看來似乎很可能到得了，上去探險一趟，聽起來也挺好玩的哩。

但是，要旅遊到太陽系之外的星球並且登陸其上，就比較困難了。就算是離我們最近的星球，也距離我們好幾光年。即使考慮了太空梭的重量，再假設我們可以用現今無法想像的速度來一趟星際之旅，想要在抵達太陽系之外最近的行星並返回地球，還是得花上好幾百年。我無法想像這樣的旅程。但或許一千年之後吧，科技就可以帶領我們抵達我們現在完全無法想像的地方了。

注釋：

①班哲民・巴伯（Benjamin Barber）：哈佛大學經濟學博士。近期重要著作《回教聖戰與速食文化》（*Jihad vs. McWorld*），探討民主制度下部落主義與市場經濟的腐蝕效應，備受國際矚目與讚揚。

②索羅維耶（Vladimir Soloviev）（1853-1900）：俄國宗教哲學家及詩人。索羅維耶相信有一個神聖智慧的化身叫做蘇非亞（Sophia），此觀念影響象徵派詩人甚巨。他曾在俄羅斯提倡東西教會的融合，而在《反基督的短篇故事》中他進一步提倡全球性的教派整合。索羅維耶最著名的神秘詩篇是《三次會面》（*Three Meetings*），內容便是描述他眼中所見的蘇非亞。索羅維耶亦擅長於政治性的作品與文學批評。

③諾貝爾經濟學獎得主托賓（James Tobin），在一九七八年首次提出一種稅制：對所有主要國家的外幣交易加以課稅。對所有外幣交易課以一個比例非常小的稅款（少於百分之零點五），目的在於平穩匯率的變動。此稅率對於長期投資沒有太大影響，但是對於專門在全球各地投資，企圖藉由短期匯率變動來獲取暴利的投機客而言，此稅率可有效減低其獲利率。

④一九六八年，捷克共黨書記杜布切克（Alexander Dubcek）銳意求變，企圖在捷克的政

治、經濟和文化上進行改革，冀望以此爲社會主義「帶來新風貌」。然而，蘇俄帶領其它五個華沙公約國，駛著坦克車進入捷克首都布拉格，結束了這段史稱「布拉格之春」(Prague Spring) 的時期。

問話 6

全球暖化現象嚴重

萬一引起冰河溶解，導致海平面上升，豈不是對無數生命造成威脅？

答話人

日本首相　**小淵惠三**

1937年6月25日生於群馬縣。
早稻田大學文學院畢業，主修英國文學。
大一時，曾立志成為專攻莎士比亞文學的學者，
但後來決定繼承父志，走入政壇。
1963年，進入眾議院，時年26，是院內最年輕的一員。
此後連選連任十二屆迄今。
曾以九個月時間環遊世界38國，以增廣見聞。
歷任內閣的郵務省副大臣、建設省副大臣、外務省大臣。
曾任自民黨秘書長、副主席，現任主席。
1998年7月當選內閣首相。

日本是唯一經歷過核爆恐怖的國家。在經歷過廣島和長崎轟炸之後，您對核爆有何感想？對於今日世界各國核武擴張的現況，您又有何看法？

做爲全世界唯一一個經歷過原子彈轟炸的國家，我們堅信，廣島和長崎所遭受的核爆悲劇不應該再發生，因此，日本針對核武制訂了「不持有、不生產、不開放進口」等核武三不原則。我國也謹守「禁止核武擴張條約」（NPT），並積極參與多項裁減核武及禁止核子擴張的工作。

近幾年來，禁止核子擴張的主張遭遇一連串的打擊。其一：已接受國際原子能總署的保護措施而成爲「禁止核武擴張條約」締約國的伊拉克與北韓，進行核武研發；其二：非禁核武締約國的印度和巴基斯坦進行核子試爆。這些舉動令國際社會震驚，對於國際間致力於防止核子擴散和裁減核武的努力更是挑釁。

在這種情勢下，如何強化禁止核子擴散組織的體質並鼓吹裁減核武，就成爲當務之急。而尤爲重要的是：加速美俄締結「戰略武器裁減條約」（START）、促成「全面禁止核子試爆條約」（CTBT）的初期強制適用，並推動各國盡速共同就隔絕核分裂物質的條約達成結議。日本竭盡全力，以求實現上述目標。最近，敝人曾以個人身分分別致函美俄領袖，促請兩方加緊締結「戰略武器裁減條約」，並核准實施「全面禁止核子試爆條約」，我也致函中國，促請中國實行全面禁止核子試爆條約。

截至目前爲止，日本已主動促成多項禁止核子擴張和裁減核武的國際行動。爲了徹底消滅核武，自一九九四年起，日本每年都向聯合國大會提出裁減核武的解決方案。在一九九八年的聯合國大會上，日本的裁減核武方案獲得絕大多數國家的支持，包括所有擁核國家在內。同時，在日本政府的提議下，「禁止核武擴張暨裁減核武東京論壇」自九八年八月起已四度開會，其中並有來自多國的專家參與，並在翌年七月二十五日發表一份報告，對今後禁止核武擴張及核武裁減提出具體建議。報告中的十七項建議方案，包括了呼籲美俄雙方裁減該國的核武工廠，只留下一千座已部署的戰略核子彈頭。這已達到「接近零核武」的目標。日本政府把這些建議列入考慮，將會繼續努力推動禁止核武擴散和裁減核武的工作。

日本政府相信，進一步裁減核武的最佳方法，在於逐步採行實際且具體的核武裁減措施。同時，身爲唯一經歷過原子彈轟炸的國家，日本從現在起會扮演更主動的角色，並繼續努力，務使世界有一天終能擺脫核子武器的恐懼。

全球暖化已是不爭的事實，所造成的後果之一是引起冰河溶解，因而造成海平面上升，從而有上百萬人口的生命會直接受到威脅。請問該採取怎樣的預防措施，才能避免這樣的浩劫？

就像你所說的，全球暖化問題重大，攸關人類生死存亡。日本刻正透過制訂國內對策、尋求國際合作與協商等方式，持續努力降低二氧化碳、甲烷等溫室效應氣體的排放量，以緩和全球暖化的現象。

首先，全球必須一同努力，減低足以造成溫室效應的氣體排放量；欲達此目的，世界各國必須共同制訂出國際間的管制標準。一九九二年五月，聯合國在紐約通過了「氣候變化綱要公約」，此約於一九九四年三月生效。在「氣候變化綱要公約」生效後，日本持續扮演積極推動者的角色，包括一九九七年十二月在京都舉辦該公約締約國的第三屆大會，在會中並通過「京都議定書」，具體訂立削減溫室效應氣體排放量的標準值。朝削減溫室氣體的目標又推進了一步。日本願意繼續促進國際對話，以俾這份「京都議定書」能盡早施行。

除了在國際間持續努力之外，各國同時在國內訂定削減溫室效應氣體排放量的對策，也是非常重要的。日本爲了達到對抗全球暖化的目標，針對國內不同部門訂出削減溫室效應氣體排放的具體法令，並於一九九九年四月制定出「因應全球暖化獎勵措施」法案；同時，爲徹底做到節約能源，日本也制定出合理使用能源修正案。就有效運用能源方面，日本其實已經達到世界最高水準了，但有鑑於全球暖化的嚴重性，日本仍願意盡最大努力，以進一步削減溫室效應氣體的排放量。

另外，同等重要的是，已開發國家必須與開發中國家合作。把日本所研發出的節約能源方面的技術引介到開發中國家，其意義不僅在於提昇開發中國家的技術水準，更可降低全世界溫室效應氣體的總排放量。有鑑於此，日本的官方發展援助基金（ODA）和其它的官方基金，都積極幫助開發中國家降低造成溫室效應的氣體排放。

這項工作不是一蹴可幾的。但若長期執行上述措施，終將能顯著奏效。最後，務要喚起青年人對溫室效應問題的關注，並讓他們從他們的立場加入解決問題的行列。

倘若民主是政府的最佳運作形式，爲什麼企業不採用民主方式來經營？

人類歷史上曾經出現各種形式的政治制度，「民主」只是其中的一種；而「民主」一詞的定義，在不同國家和人民間的定義又不一樣。但在今天的社會中，幾乎沒有國家會否認民主原則的意義：一般人都認爲，民主是一種很可取的制度；全球各地有許多地方也都努力追求民主化。爲什麼民主被認爲是可取的制度？因爲，民主制度以組成社會的個人爲核心，而對這些個人而言，民主制度是最能讓他們追求個人幸福的制度。在民主制度下，個體可以就政治、經濟、社會、文化等提出意見，成爲決策的基礎。在一個社會中，假如每一個人都能說出自己的需求，需求也有機會實現，那麼這就是個理想的社會，因爲它保障且實現了人權。

也因爲如此，國際社會以強化並推動民主爲目標，並尊重且保護人權和基本自由。在一九九九年的科隆高峰會中，與會各國皆保證將致力於協助開發中國家達到民主化，並協助處於過渡期的國家走向民主。日本也願意在此一領域繼續努力。

現在來到你的問題。企業當然是依照特定規則在運作，但可以用「民主」一詞來討論企業的運作規則嗎？我不很確定這是不是你想問的問題，不過如果你想問的是，「民主的管理模式是否可適用於企業界？」那麼答案是肯定的。企業界有各式各樣的管理模式，你可以自己當老闆，開一家小公司行號，也可以當上擁有千名員工的大公司老闆。在這些情況中，的確有採取民主決策方式的企業，例如在董事會、股東會或員工大會中採多數決的方式，就是明顯的例子。

您認為，在二十世紀末所出現的哪一個教派，在新千禧年裡夠資格變成一種宗教？

我們今日所得到的繁榮，奠基於先人的努力。儘管我們已創造出驚人的社會和經濟成長，但在此同時，類似「同情心」、「公德心」等美德似乎逐漸消失，也因此人類在精神層面就出現了問題。更糟的是，這問題不只出在處於人格養成期階段的兒童身上，就連必須兼負起社會責任的成人也出了狀況。假如說，我們應該要追求物質和精神的平衡，那麼今天的社會就忽略了精神面。

就此觀點而言，我相信精神面的問題會愈來愈重要。當然，選擇信仰某種宗教其實與精神生活的關係相當密切，這也是純屬個人考量的一種選擇，而日本憲法也保障思想、良知和宗教的自由。當然你也可以選擇不信任何宗教。在思想、良知和宗教上享有自由，也就表示國家不能限制或禁止個人的內在信仰。

日本目前在宗教團體法的規範下，共有超過十八萬個宗教組織登記為宗教團體。如果加上其他國家的宗教團體數目，應該會很可觀。在跨入新千禧年的那一刻，這些宗教和宗教組織想必與每一個人的心靈狀態緊緊相連。

無論我們到了幾歲才頓然領悟宗教的重要性，但只要選定了一個信仰，則任何人都享有信仰的自由。衆所周知的聯合國「國際人權宣言」，就載明「人人有思想、良知和宗教的自由」·，而世界各地的許多國家，包括日本，也在憲法中重申人權宣言的此一精神。因此，不管是幾百年或幾千年的未來，仍然只有個人有權決定他自己的精神自由，這個原則不會改變。所以我誠摯希望，人類能繼續對宗教、信仰、良知和思想自由，賦予最高的尊重。

隨著科技的進步，在經濟上逐漸轉變爲依賴少數人所創造出的財富。面對不斷增加的失業人口，我們能做什麼？

的確，隨著科技進步，已從過去依賴手工製造轉變成自動化，今日更可能以較少的勞動力達到大量生產，而且也不是少數個案。

不過，隨著經濟的成長，新商品和服務的供給更爲方便，個人的品味更爲分殊，所以新需求有機會湧現。也因此，我們不能斷言，科技進步必然導致失業人口的增加。在日本，過去諸如自動化和電腦化等科技的進步，促成了生產力的提昇、物價降低，從而刺激了消費，反而帶動就業率的增加。

當然，由於新產業在轉型期既要吸收勞工也需要時間緩衝，不能排除失業率會暫時增加的可能性。因此，這時有必要採取適當的政策措施，以緩和類似的結構調整所產生的問題。工業八大國的領袖對此已有充分認知。在上次的科隆高峰會中，與會者咸認，失業問題是最棘手的經濟問題，並再次重申務必引進適當對策、提高就業率，以解決問題。與會人士特別強調兩點：一、推動經濟改革，提昇各國經濟的彈性和競爭力，以協助長期失業的勞工重返就業市場；二、採用以穩定爲目標的總體經濟政策，並確保貨幣與金融政策能達到良好的平衡。

日本政府致力於推動結構上的調整，希望能藉由「推動自由化三年計畫」和「經濟結構改革行動綱領」，使經濟自由化，並增加國內工作機會。另外，由於日本的就業情況持續低迷，日本政府已提出支援計畫，協助若干具有成長潛力，以及有可能提供工作機會的產業，像是醫療服務、資訊與電子通訊、環境保護、生化科技等產業。並且在中央與地方各級政府當中也提供工作機會，以應萬一之需。日本政府矢志再接再厲，以期建立一個恰當的環境；我們這方面的努力包括開始研究修改勞工受雇用保險的法令，希望更有效執行，以利於推動再就業。

公元一千年時，人類以爲世界末日就在眼前了；到了公元二千年，我們擔心電腦當機的問題。您認爲，到公元三千年時，人類所擔心的事情會是什麼？

科學帶來美好的進步，卻也製造了恐懼。環視今日生活的種種，除了Y2K危機之外，我們還看見不少因科學進步而來的問題，例如人口激增、環境污染、能源短缺、水資源減少，以及基因工程所激起的關於生命倫理的探討。

然而，我不認爲上述這些問題到了公元三千年時還會是困擾，因爲，在過去的一千年裡，我們一一解決了生活中的難題，而這要歸功於科學。但這不表示未來的人就無憂無慮。一千年前的人想像不到今日有電腦這種東西出現，同樣的，現在的我們也無從預測將來的人會遇到什麼樣的挑戰——而假如未來的一千年裡面沒有出現多少變化，我們今日就能預知將來種種，那可眞是人類的悲哀。日本哲人西田幾多郎（1870-1945）曾說：「五十年後光景如何，未知也。」誠哉斯言。

不過，有一件事倒可以確定。在公元一千年時，不是所有人都以爲世界末日將至，因爲畢竟歐洲以外的人，包括我們日本人在內，並不是採用以耶穌生年爲標準的記年法，甚至還不知道有這種曆法。但到了公元二千年，Y2K電腦年序問題成爲一件全球關注的問題。這一千年來，我們慢慢認識到，自己是一個叫做「人類」的群體，而非分庭抗禮的小團體。這種領悟，還會延續一千年。不論公元三千年時的人擔心些什麼問題，我認爲，那都會是全人類共同的憂慮。

在有關地球未來的重大議題上，工業高峰會的成員是主要的決策國。以此推論，他們不是可以取代聯合國安理會嗎？

G7高峰會當初成立的用意，是希望聚集七大工業國的領袖，彼此坦誠交換意見，針對七〇年代因石油危機而起的種種動盪研議因應之道。七大工業國有一個默契：既然聯合國的始初目的就在於解決政治問題，那麼，政治的歸政治，還是讓聯合國處理，G7就只專注於經濟議題。多年下來，G7高峰會多少碰觸到若干政治性的問題，而讓俄國加入高峰會，可說是具有象徵意義的動作，意味著G8（加入了俄國之後）的改變。因爲俄國是政治與軍事的強權，但稱不上經濟大國。

在科索沃危機那段期間，G8的外交部長聚會，提出了一個解除危機的重要建議；有了他們的帶領，最後果眞平息了狀況。因此，沒錯，G8對於重建世界新秩序是有舉足輕重之力的，而日本在這件事上又居發起地位，對於科索沃危機有正面貢獻。然而，也因爲聯合國安理會的執行，才終於獲得和平。所以，聯合國也功不可沒，特別是在民衆的安置與處理方面。由此觀之，與其說是G8取代了安理會的功能，不如說是G8與安理會共同合作，面對一樁政治性的問題。

聯合國的力量確實是日漸微弱，從科索沃事件可以看出，聯合國確實必須進行一番重整，安理會尤其需要整頓，日後才更有能力面對衝突。爲了世界和平，日本願意在聯合國有關外交政策的部分盡一分力，也正在努力促成聯合國的重整工作。

您對於新千禧年有什麼展望？

就像公元一千年的人無從想見公元兩千年的光景，我們現在也不可能完整描繪出一千年之後的模樣。光要想像一百年的進展就已經夠難了，何況是一千年！儘管如此，我還是願意說說以下想法。

首先，也是最重要的一點，我認爲要尊重自由、民主、人權。這幾個概念誕生於過去的五百年當中，至今已然成爲普受世人重視的價值。我深信，在未來的人類社會中，這幾個概念仍然會發光發亮。然而，第二個千禧年已經結束，這幾個概念尙未在全天下普遍施行，因此，我希望在未來一千年裡，這些人類的偉大遺產能延續下去，成爲人類生活中必備的一環。

其次我要說，科技的進步將會是影響人類至深的因素。過去，科技的一日千里爲人類謀得福祉，將來，科技還會以其更快速的動力繼續帶來驚人的進展。相較於我在上一段所說的自由與民主等概念必須要延續，一個以科技爲動力基礎的社會，其千年後的發展卻是我們在今日所無法預想的，更沒辦法用我剛才說的「及於全世界」這樣的字眼來期待，說不定得改用「遍及全宇宙」才恰當呢。

換個角度看看今日的生活，我們務必謹記在心：工業社會及其所挾帶的科技威力，在使人類社會變得富裕舒適的同時，也製造了不少麻煩，而這些難題看來我們無法解決，得留給後代去頭痛。儘管如此，我想，我們也曾克服了不少祖先遺留下來的困難，相信我們的子孫會竭盡智力，處理這些我們未完的功課。

眺望未來，爲了維繫人類的生活水準，保障人類生命安全，並留一個乾淨的地球給後代，而又同時要保持社會活動的蓬勃，我認爲必須建立一個屬於人的社會，致力於讓每一個人都能在物質上與精神上得到富足。

因之，我們每一個人都要扮演一個積極的角色，推動科技進展，增強精神與文化內涵，致力於國際合作，或在社區鄰里間擔負義務工作。尤其因爲對於未來寄以期待，因此我更要強調，我對於年輕一代充滿希望，他們既靈活又活潑，確乎是責無旁貸應該要扛起未來。

問話 7

挨餓與食物過剩的不平衡

許多低度開發國家的人民沒飯吃，
爲什麼有些工業國卻要銷毀過剩的食物？

答話人

德國總理　**施若德**

1944年4月7日生於德國北部的莫森柏格市。

出生的這一年，父親就死於戰場。

母親當清潔婦來撫養五個孩子。

年輕時曾向母親發下豪語，

將來要開著一輛賓士車到家門口接她。

(在1990年母親八十大壽這天，他實踐了當年的諾言。)

半工半讀，唸夜校，後來取得哥亭恩大學法律學位。

1963年加入立場偏左的社會進步黨(SPD)，1980年進入聯邦議會。

CNN記者說他「喜歡古巴雪茄、深色西裝和美女」，

迄今已有四度結婚的紀錄。

愛讀里爾克(Maria Rilke) 的詩。

奴隸制已經廢除了。許多國家也廢除了死刑。我們是否也該廢除戰爭？

假如戰爭也和奴隸制度或死刑一樣，是可以「被廢除」的，那麼就永遠不會出現戰爭了，因爲各大國際法就可以明文禁止侵略他國領土及人民，而所有重要的國際機構與國際組織都會同聲譴責戰爭，大力宣揚「必須廢除戰爭」的理念。

可惜現實情況並非如此。過去的一百年，是一個血腥的世紀，有殘酷的戰爭，也有企圖消滅整個種族的惡行；甚至在二十世紀行將結束之時，戰爭竟然在歐洲死灰復燃！這一次，德國在不得已的情況下加入戰局，以求盡早終止在科索沃進行的屠殺與種族驅離。

不過，未來是沒有戰爭的——我們不但可以這樣期待，也可以做到。在今日，祈求世界和平的心情比以往更熾烈，也更有理由要求和平到來。凡是曾經在和平的氣氛中成長發展的的人群都有親身體驗，他們知道，在和平的環境中生活，對於個人來說是多麼美好的一件事，對於國家又是多麼有利。

我們必須現在就採取行動，把和平帶到所有出現了利益衝突的地方，不論那是在一國之內，或是在國與國之間。而且要一直維持和平。最重要的是，不要再爲了強取利益而使用武力。我們應該共同嘗試建立一套公正的平衡體制，並定出一套可平等適用於所有國家的法律標準。如此一來，在一個以法律確保和平的世界和一種崇尚和平的文化當中，好戰的獨裁者再無開啓戰端的機會。

因此我也認爲，應該要有一個國際法庭來審理有關挑起戰爭者和戰爭犯的問題。德國政府在這方面所持的贊同態度，尤其寓意深遠。

尊重國際法的民主國家，必須積極致力於推動以和平爲依歸的政治。在一九六九至七四年間擔任德國總理的威利．布蘭特（Willy Brandt），大力推動友好政策，這對於後來美蘇冷戰的結束十分有貢獻；因此，德國必須繼續付出這份維持和平的力量，爲裁減軍備與武器而努力。德國自己大幅削減了國內的軍事武力，並且不再生產及持有威力強大的毀滅性武器，同時制訂政策，限制武器出口。所以我要再重複前面說過的，我們必須期待一個沒有武器的世界，人類的智力與發明不會被拿來製造毀滅性的武器，而會被用在發展和平與追求全人類福祉的用途上。

多邊組織、建立於和平協調之上的國際結盟，以及有國際聲望的調解紛爭的機制，都是維護和平的重要工具——德國念茲在茲的外交政策的基調之一，就是如何融入這樣的國際結構當中。另外一個基調，則是尊重國際法；在國際法之下，各國只能在出於防禦或緊急救援其它被侵略國時才可使用武力。至於如何貫徹這樣的國際法，當然有賴聯合國的努力。

我們從經驗中得到一個重要的體認：凡是尊重法律並設法履行社會正義政策的民主國家，鮮少會對他國造成威脅。因之，提升民主與尊重法律的程度，乃是追求和平時不可或缺的一大因素。同理，對經濟體質不良的國家給予援助，也有助於維持和平。維護國內外的和平，不只是政治人物的義務，而是人人有責。

核能廢料增加，由工廠、家庭所產生的廢棄物也日益增加，我們有可能取法報廢衛星脫離地球軌道的方式，把這些廢棄物抛到外太空嗎？有沒有其他可行的解決方案？

我們必須慢慢接受一個事實：假如我們不管廢棄物的問題，它是不會自行消失的。想要處理掉全世界的廢棄物——說實話，恐怕是不可能的事，因爲要處理這些廢棄物又需要大量的能源，而製造這些能源卻又會產生更多的廢棄物。所以，關於廢棄物和環境問題的治本之道，要回到最開端的「製造」和其後的「消費」這兩個環節上。以今日我們所能支配的科技能力來看，應該有足夠的條件可以做到在生產時就避免製造廢棄物，或至少能減少廢棄物。日常生活當中的用品和工業消耗品，都要盡可能做到經久耐用，而且容易修理維護。

廢棄物應該回收再利用。德國現在的垃圾分類，把玻璃、紙張、鋁類分得很清楚。如果能多多利用可回收的垃圾，就可以節省很多珍貴的原料，也是關心環境，不傷害環境的做法。

過去十年來，政治的力量在這方面頗有建樹。首先，人類在想法和態度上有了明顯的改變：凡是心存環保意識的人，都不願意見到爲了經濟成長而不惜糟蹋我們賴以維生的自然環境。羅馬俱樂部①三十年前針對成長的極限所提出的報告，早已是無可爭議的理念：未來的經濟成長，必須做到永續發展，必須不傷及資源和環境，務求維護一個足以傳給後代子孫的基本生活環境。

現在的科技研究，已經愈來愈能從環境的角度出發，因此我相信，科技的進步，加上人類全體的努力，是可以解決廢棄物問題的。

在廢棄物方面比較棘手的問題是關於核能的使用，以及伴隨而來的核子爐輻射問題。爲了不要再加重地球的負荷，德國政府正致力於尋找可以代替核能，又不傷害環境的能源。

您認爲，爲了促進眞正的民主，聯合國代表應不應該由各會員國內有選舉權的公民直選產生？

首先，假如全世界能夠以直選方式產生世界性的國會，表示全世界各地的人都享有以普遍、自由、直接、秘密爲精神的投票權；這也表示，在全世界所有地方都採行了程度相當的民主制度。我想，這是值得努力以赴的長期目標，也是可達成的目標。然而，這在今日和可見的明天還不是事實。

現在的聯合國，是由大會代表（這些大會代表並不是在自己國內以直選方式產生）和同樣由民主程序形成的統理機構共同合作。今日，聯合國在促進國際合作上的角色猶無可替代。

大家期待見到一個以直接民主方式產生的聯合國，但這樣的形成方式必定會有疑問：各會員國究竟願意讓出多少主權給這樣一個代表各國的組織。我們在歐盟就看到，歐洲議會經常與歐盟各會員國在事關各國主權的議題上起衝突，也與執行委員會迭有爭執。

在前述這些背景之下，德國政府認爲，當務之急應該是強化聯合國的既有模式，讓聯合國更能擔負重責大任，以促進全人類的福祉。

您認爲，對於上帝的信仰，會不會對人性造成危險？

對於上帝的信仰，可以幫助人在生命中找到支撐與方向。一個人有沒有信仰，或者信仰的程度深淺，以及從所謂的「終極」問題中找到什麼答案，都是非常因人而異的事。幾乎在所有的社會裡，信仰和宗教都是倫理觀念的根本，人群相處的基礎原則。

一個不以信仰爲基礎的社會秩序，不必然沒有倫理價值觀。今日的開明歐洲，擁有法國革命所留下的「自由、平等、博愛」這三大古典世俗價值，而在其他的社會當中，這種精神也許是經由某個宗教來傳遞與執行。

若要談宗教信仰所涉及的「危險」，我個人的看法是，除非是想利用宗教來遂行政治目的，否則宗教本身不是危險，盲信才會造成危險。對於上帝的信仰，不會讓人踐踏弱小，誅除異己，除非有人「以上帝之名」作威作福，或者是斷言唯有自己才能帶來眞理，這時就造成威脅了。簡言之，一旦宗教被誤用在政治性的意識形態當中時，就會有危險，例如基本教義派的行動，而這種態度在全世界各種宗教中都見得到。

在歐洲的民主政體中，普遍有一種「世俗主義」，也就是把政治與宗教分開的態度，而讓人民享有完全的信仰自由。有些篤信上帝的人，想到那些個沒有信仰或信仰程度不深的人居然要來決定國家前途，實在很難接受。可是，如果說所有偉大的宗教都諄諄教誨有關博愛與寬容的道理，那麼政治的責任就在於維持團結與民主。

世界上許多低度開發國家的人民還在挨餓，工業國家卻開始傾倒銷毀過剩的糧食，對於這樣的事您有何解釋？該怎麼做，才能補救此種令人難以接受的不平等？

是的，當這世上某些貧窮地區的人恆常處在飢餓狀態的時候，看到有些所謂的「富裕」國家（有些甚至是我們歐盟的國家）竟然把過剩的食物銷毀，我實在是深深感覺到當今人世的不公不義。我也曾想過，那些被倒進大海裡的蕃茄、橘子，其實可以轉運到像伊索比亞這一類多年來處於饑饉狀態的國家——然而，事情不能這樣做。假如某些食物不是當地人所需要的，就算送去也沒有用。一個國家的食糧不足問題，出自於不良的經濟結構。

我們不太可能送雨水給非洲，同樣的，我們也不能一直空運食糧給他們。不過，感謝有錢國家的先生小姐，直接送愛心到那些亟需幫助的地方，使得那些地方暫時不至於爲了生存竟爾必須興戰。

可是，飢餓問題出在哪裡，就應該在那個地方解決。這意思是說，我們必須更進一步從國家發展的觀點來面對這個問題，思考如何提供生產誘因給鄉村地區，或是派遣顧問團協助找出更有效的生產方式，並提供農民低利貸款。現在的經濟體系是世界性的活動，我們也可以有一個對所有國家開放的農產品貿易體系，讓「南方」國家可以在公平的環境下把他們生產的原料和產品推進市場。現在很多貧窮國家背負著沈重的外債，針對此議題，德國在一九九九年科隆高峰會上提議減輕這些國家的債務，與會各國都表示支持。

不要以爲，光是靠運送食物與物資給貧窮國家就能療飢止餓，掃除貧窮；相反的，長此以往反而會阻礙這些國家的生產與供給情況。我們的地球資源夠豐富，可以養活生活在每一塊地方的人。因此，如何把資源與機會平均分配到各個地方，讓各地獲得適當的發展，就是我們的責任了。我認爲，二十一世紀的重大任務之一，是要全面消滅地球上的飢餓現象。

我們德國——以及其它歐洲國家——認爲，不考慮自然條件、環境和成本等因素就一味大量生產食物，是不可取的經濟模式，而透過銷毀食物以強制穩定食物價格，在道德上和經濟上都是錯誤的做法。所以，德國會致力於改革歐盟的共同農業政策。

倘若您罹患了不治之症，而保存人體的科技已經研發成功，您想不想把自己冷凍起來，等著解藥問世？

我很高興，這種科技現在還沒有問世，也許只出現在科幻小說中。我不認為人類應該在這種科技上花功夫。

我非常熱切希望——過往的科技進步讓我大有理由樂觀以待——醫學方面能出現重大進展，使得今日還治不好的各種疾病終於能治癒，或者把致命的流行性疾病完全根除。我認為，醫學研究不該汲汲於追求如何使人類不死；我們自己也不要想著如何逃過「死亡」這一關，連「時光旅行」這種事都不要想。因為，只要生而為人，就會有一死，生命就是會有結束的一天。

爲什麼某家公司在大幅裁員後，市值似乎反而增加了？您對這種現象的立場爲何？

在我看來，一般而言，當一家公司必須解雇大量員工時，該公司的市值，也就是它的股價並不會增加。當然也會有例外，企業在裁員後股價反而上漲。遇到這種情況，許多人深感不解，而被裁掉的員工特別覺得諷刺。

要解釋這種看似不合理的現象，關鍵在於股市投資人的預期心理和投機心態。股價反映的是某家公司的商業和財務表現，如果這些基本面的表現不佳，股價就下跌；如果表現良好，股價則會上揚。當某公司必須突然解雇大量員工時，通常是因爲競爭力不足。在這種情況下，投資人可能會把解雇的動作詮釋成「苦口良藥」，認爲這有助於增強該公司的長期面。正因爲這樣，有時大幅度的裁員會使股價暫時上揚。

然而，以裁員的方式因應公司經濟難關，只能做到因快速降低了成本而暫時疏困；但就中期或長期發展來看，這種方法有重大的缺點。當員工離職，該公司就流失了大量技術，也就是經濟學家所謂的人力資本。事實上企業需要這些技術，以度過將會持續一陣子的經濟難關。但顯然許多人不懂，員工是公司極有價值的資源。

在市場經濟裡，難免會有公司必須解雇員工。經濟活動中的某些領域，會隨著時間而變得不重要，該領域所需的勞動力也就必須減少；但與此同時，其他領域會成長，所需的勞動力也就增加。如果，遭解雇的員工很快就在其他公司找到新的差事，那麼陷入不景氣的經濟領域所做的裁員不會構成問題。因爲如果勞工訓練精良、願意學習新技能，也有能力學習，那麼失業後要再就業，不會成問題。

在這方面政府可以幫的忙，是在教育政策面上，讓中小學、職校、專科學院、大學等各級學校的學生，在教育體系當中有機會習得一技之長，將來出社會後可以派上用場。政府並且要落實相關政策，確實做到讓中輟生有機會再接受教育，以及某種專科或職業技巧的訓練。

企業本身當然也要讓員工有在職進修的機會。至於年輕人自己，一定要注意，務必接受教育。因爲在二十一世紀裡，學經歷不足的人所承受的失業風險特別高。

回到前面說的裁員後股價上升這種事。我們不要責罵或詆毀這家公司股價上升。股價的上升，顯示的是這家公司的表現良好，或者產品贏得市場的贊同；股價的上揚是投資者給他們的「獎勵」，讓這家公司獲得所需的資金，繼續發揮創意，讓點子成眞。對於中型企業來說，這種經濟運作方式倒是值得注意的重點。

二、三十年前，大家都想知道公元二〇〇〇年的樣子。您在二十歲時，對二〇〇〇年有什麼想像？

一九六九年七月，人類首度踏上月球，太空人阿姆斯壯說：「這是我的一小步，卻是人類的一大步。」此話從此成爲名言。那時候有很多人覺得，人類可以逐步探索太空，利用太空，而到了公元兩千年那一天，大約就可以征服太空了。現在的我們已經知道，這種想法過於天眞，這種期待也不盡正確。

三十年前的人怎麼想得到，科技如脫韁野馬般的進展，利用一切可利用的資源，竟嚴重威脅了我們所賴以生存的環境。以前，我們以爲，科技開啓了無限可能性，所有期待中的事情都會成眞；今日，我們領悟到，科技的進步固然帶來各種契機，其中卻也含藏了極高的風險。

以前，歐威爾寫出了烏托邦小說《一九八四》，描述一個由「大哥」全盤監視掌控的社會；三十年前的人覺得，「一九八四」遠在天邊，可是至少下定決心，不可以讓世界變成小說中所描繪的那種世界。凡是在那段期間參與了一九六九年學生運動的人，或是參與了爲捍衛公民權利而起的民衆運動的人，都以《一九八四》所描寫的場景爲殷鑑。

如今回顧，我們發現，整個世界年在過去三十年裡的科技進步，也許比那之前的三百年還要多。終於，未來就在眼前了，而每一天簡直都可以說是「未來」。所以，想要預知三十年後的發展，極爲困難。

科技的進步改變了人與人之間的關係，也提高了人類自我毀滅的可能性。總理先生，您認爲，人類在新千禧年的前景如何？

在預測未來時，有個比較簡單的方法：我們就看，假如事情照現在這樣發展下去，會變成什麼樣。也許，「全球化」會成爲最好用的藉口：股票市場與工作市場四出尋狩，毫無節制；體質健全的企業被摧毀；經濟傾銷與社會傾銷橫行；無視於環境問題，輕忽社會弱勢團體的需求；我們的社會保險體系要不是變成資金無著落，就是因爲勞動力變得昂貴無比，使得沒有人願意再投資國民經濟；世界經濟的走向操之於投機客與金融玩家的手中；國家經濟被邊緣化，很多人在社會中無立足之地。

這些可不是危言聳聽的話，因爲這些現象在今天已經顯出端倪，而且不是在南美的里約熱內盧、聖保羅等地見到而已，也已出現在北美和歐洲的幾個大城市。

表面上看起來市場可以決定一切，有些人於是說，政治已經毫無價值可言，但是我認爲，在二十一世紀裡，政治的意義反而會逐漸重大。我們必須自己塑造未來，而不要被未來牽著鼻子走。

我認爲，由於軍事集團的崩解，人類在軍事衝突中自我毀滅的可能性已經減少了。這是人類的一大進步。然而，危機沒有完全解除，所以我們看到了科索沃等地方的戰事。面對這問題，唯一的解決之道在於持續加強國際間的合作。在歐洲我們經由歐盟的整合以達此目標；在全球的層面，我們則希望聯合國能夠更強大。的確，軍備的裁減是事實，不過我們還要更積極推動這方面的進展。

我想，大家愈來愈有共識，軍備裁減是必須做的事。以和平穩定爲目的的政治，在二十一世紀裡要更加強人權方面的工作。唯有在政治上以追求眞理與維護人權爲基本態度，才可能維護世界的穩定與安全。我認爲，我們在二十一世紀當中，要以建立一個屬於「人」的，重視人權的歐洲爲目標。

我在社會當中也看到，民衆更積極參與公共事務，這種態度既展現在願意挑起社會保險的責任，也表現於有關衆人利益的事務上。今日的我們，不必再「爭取」更多的民主了，因爲不論就主觀或客觀來說，民主都已經實現了。

今天，您領導著在世界上舉足輕重的強國。假設，情況相反，您今天是世界上最窮的七國之一的領導人，值此新千禧年伊始，您打算如何讓自己的國家有個好的開始？

首先，我會盡力減除過去所累積下來的債務，因爲我知道，外債是國家的重擔，讓我的國家喘不過氣來。我的辦法是找出比較大的幾個外債國，想辦法解除債務關係。我也會尋求國際正義的協助。

接下來，我會試圖改變國內的經濟和社會結構，以促進社會和經濟的永續發展。然後我還會在國民教育及公共衛生方面盡可能下功夫。這些層面都是窮國應該當成主要目標的努力方向。

我會向世界上其它行有餘力並且應負起相關責任的人求助，希望他們伸出援手。我還會樹立若干小企業的典範，想辦法讓國內人民能夠用自己的力量站起來。

西方世界的方式，我不會照單全收，而只借取工業社會中值得參考的良好示範作爲參考。我會打擊貪污，解除言論限制，因爲濫用權力和不自由是低度發展國家的大敵。

注釋：

①羅馬俱樂部（Club of Rome），一個民間的國際性研究機構，由一群商人、經濟學者與科學家在一九六八年共同組成。定期針對全球性的食糧、人口、產業、生態、環境等問題提出研究報告和預測。

國家圖書館出版品預行編目資料

無疆界青年問話：G7領袖的回應與夢想／李歐納・安東尼 (Léonard Anthony), 哈席・聶卡 (Rachid Nekkaz)著；戚國仁譯.-- 初版-- 臺北市：大塊文化，2000 [民 89]
面； 公分. (Touch 14)
譯自：Millenarium: quel avenir l'humanite

ISBN 957-0316-08-X (平裝)

1.論叢與雜著

079 88002965

105 台北市南京東路四段25號11樓

廣 告 回 信
台灣北區郵政管理局登記證
北台字第10227號

大塊文化出版股份有限公司　收

請沿虛線撕下後對折裝訂寄回，謝謝！

地址：＿＿市／縣＿＿鄉／鎮／市／區＿＿＿路／街＿＿段＿＿巷

＿＿弄＿＿號＿＿樓

姓名：

大塊 LOCUS 文化

編號：TO 014　書名：無疆界青年問話

大塊 LOCUS 文化

讀者回函卡

謝謝您購買這本書，爲了加強對您的服務，請您詳細填寫本卡各欄，寄回大塊出版 (免附回郵) 即可不定期收到本公司最新的出版資訊。

姓名：______________________ **身分證字號**：______________________

住址：____

聯絡電話：(O)______________________ (H)______________________

出生日期：______年______月______日 E-mail: ______________________

學歷：1.□高中及高中以下 2.□專科與大學 3.□研究所以上

職業：1.□學生 2.□資訊業 3.□工 4.□商 5.□服務業 6.□軍警公教 7.□自由業及專業 8.□其他________

從何處得知本書：1.□逛書店 2.□報紙廣告 3.□雜誌廣告 4.□新聞報導 5.□親友介紹 6.□公車廣告 7.□廣播節目8.□書訊 9.□廣告信函 10.□其他__________

您購買過我們那些系列的書：

1.□Touch系列 2.□Mark系列 3.□Smile系列 4.□Catch系列 5.□PC Pink系列 6□tomorrow系列 7□sense系列

閱讀嗜好：

1.□財經 2.□企管 3.□心理 4.□勵志 5.□社會人文 6.□自然科學 7.□傳記 8.□音樂藝術 9.□文學 10.□保健 11.□漫畫 12.□其他_____

對我們的建議：____

____

____

L O C U S

LOCUS

LOCUS

LOCUS